Terapia Cognitiva con Niños y Adolescentes

Aportes Técnicos

Bunge | Gomar | Mandil

Terapia Cognitiva con Niños y Adolescentes

Aportes Técnicos

Librería **AKADIA** *Editorial*

Eduardo Bunge, Martín Gomar y Javier Mandil
Terapia cognitiva con niños y adolescentes: Aportes técnicos - 3ra. ed.
Buenos Aires: Librería Akadia Editorial, 2011
398 páginas; 17 x 24 cm.

ISBN: 978-987-570-174-8

1. Psicología. I. Gomar, Martín. II. Mandil, Javier. III. Título
CDD 155

Fecha de catalogación: 11/05/2011

1ra. Edición: 2008
2da. Edición: 2009
1ra. Reimpresión: 2010
3ra. Edición: 2011
1ra. Reimpresión: 2016

ISBN 978-987-570-174-8

Paraguay 2078 (1121) Buenos Aires, Argentina
Paraguay 2065 (1121) Buenos Aires, Argentina
Tel. 4961-8614 / 4964-2230
e-mail: editorialakadia@gmail.com
http://www.editorialakadia.com

Hecho el depósito que marca la ley 11.723
Impreso en Argentina - Printed in Argentina

AGRADECIMIENTOS

Queremos agradecer muy especialmente a Liniers por sus magníficas historietas que hacen de esta obra una herramienta didáctica, entretenida, y adaptada al nivel evolutivo de los niños y adolescentes.

A quienes fueron y son nuestros maestros: Sara Baringoltz, Marcelo Ceberio, Alejandra del Val, Pablo Gagliesi, Eduardo Keegan, Ricardo Levy, Ricardo Rodríguez Biglieri, Ernesto Wahlberg y Ruth Wilner.

A quienes nos ayudan a crecer en nuestra profesión: Andrea Abadi, Maria Aggio, Graciela Damilano, Anabela Galiana, Nora Grañana, Sergio Grosman, Marcelo Kornberg, Silvia Mandil, Juan Manuel Maison Baibiene, Mauro Mascotena, Claudio Michanie, Celica Menéndez, Hebe Roimiser, Graciela Romano, Diego Sehinkman, Silvia Sofovich, José Zorrilla, los residentes en Salud Mental del Hospital Elizalde, Tobar García y Ramos Mejía.

A Héctor Fernández Álvarez por sus inagotables contribuciones a la psicoterápia en Argentina.

A nuestros queridos amigos y colegas, Juan Pablo Boggiano, Cristian Garay y Guido Korman.

A todos nuestros pacientes.

A Editorial Akadia por confiar en nosotros.

A Pablo Sapía por su profesionalismo y creatividad.

A Estefanía Millán, Valeria Quiroga y Victoria Soler, por la inagotable paciencia y apoyo afectivo que nos brindaron durante todo este tiempo.

Y a aquellos que permitieron, colaboraron y nos alentaron para que esto fuera posible, nuestras familias, Florencia Petersen, Lorena Grinberg, Mariano Tirigall, Teresa Millán, Carlos Grimm el equipo de I.C.I.D y muchos otros más.

SOBRE LOS AUTORES

Lic. Eduardo Bunge (UBA): Director de la Fundación Equipo de Terapia Cognitiva Infanto-Juvenil (ETCI). Director de Postgrado de Formación en Psicoterapias Cognitivas, Colegio de Psicólogos de la Provincia de Buenos Aires, Distrito XV. Profesor a cargo de Psicología Clínica: Niños y Adolescentes, Universidad Favaloro. Docente invitado del Curso de Postgrado de Terapia Cognitiva, Fundación Foro y Centro Argentino de Terapia Racional Emotiva (C.A.T.R.E.C.). Socio de la Asociación Argentina de Terapias Cognitivas (AATC). Terapeuta cognitivo certificado por la AATC.

Lic. Martín Gomar (UBA): director de la Fundación Equipo de Terapia Cognitiva Infanto-Juvenil (ETCI). Docente invitado del Curso de Postgrado de Terapia Cognitiva, Fundación Foro, del Postgrado de Formación en Psicoterapias Cognitivas y del Colegio de Psicólogos de la Provincia de Buenos Aires, Distrito XV. Socio de la AATC y Socio de la Asociación Latinoamericana de Psicoterapias Cognitivas (ALAPCO). Ex residente del Hospital Infanto Juvenil Dra. Carolina Tobar García. Graduado con diploma de honor en la Universidad de Buenos Aires.

Lic. Javier Mandil (UBA): director de la Fundación Equipo de Terapia Cognitiva Infanto-Juvenil (ETCI). Docente invitado del Curso de Postgrado de Terapia Cognitiva, Fundación Foro de la Escuela Sistémica Argentina, del Postgrado de Formación en Psicoterapias Cognitivas, Colegio de Psicólogos de la Provincia de Buenos Aires, Distrito XV y de la Universidad de Flores. Socio de la AATC. Socio de la Asociación Latinoamericana de Psicoterapias Cognitivas (ALAPCO). Ex residente del servicio de salud mental del Hospital Pedro Elizalde. Docente a cargo de Clínica Sistémica en la Universidad Favaloro.

Los compiladores son autores del Manual de terapia cognitiva comportamental con niños y adolescentes, 2010. Editorial Polemos.

Fundación Equipo de Terapia Cognitiva Infanto Juvenil (ETCI):
www.etci.com.ar

Para contactarse u obtener información sobre las actividades de la Fundación ETCI: info@etci.com.ar

PRÓLOGO 2da. EDICIÓN

La primera reacción que experimentamos al recibir un libro sobre terapia cognitiva con niños y adolescentes es una gran expectativa. Es tan escaso el material disponible en este tema que es mucho lo que le pedimos al texto. Nos ponemos exigentes. Por fortuna, los autores de esta obra responden a esa exigencia ampliamente, no sólo por el contenido que presentan y el abanico de situaciones clínicas que abordan sino, muy especialmente, por la cuota de creatividad poco usual con que generosamente han construido el libro.

¿Qué le pedimos a un texto con ese título? Que nos provea de mapas que sirvan de orientación para la tarea cotidiana, que nos entregue pistas para la elección de los procedimientos adecuados para cada caso. Los desarrollos en psicoterapia siguen todavía enfocados en la población adulta y, por lo tanto, el terapeuta que trabaja con niños y adolescentes está ávido por encontrar nuevos recursos. Sabe, porque es un lugar común, que no es razonable esperar instructivos fáciles ni indicaciones para llevar a cabo pases mágicos con sus pacientes pero, sinceramente, espera algunas recetas. Los autores nos ofrecen una colección variada y colorida de principios, fórmulas y prescripciones de enorme utilidad para muchas de las condiciones clínicas más frecuentes en la práctica de todos los días.

Pero el texto no comienza allí, en las indicaciones. Se inicia con una presentación conceptual y al avanzar, uno podrá constatar que ese comienzo no es una mera reiteración del pasaje entre la teoría y la práctica, sino una puesta a punto de las nociones básicas que se necesitan para que la práctica (donde está el valor agregado de la obra) tenga el marco adecuado. Precisamente por eso, esa introducción es sintética, actualizada, panorámica. Es una ventana a través de la cual podemos ver con claridad que las intenciones del libro no apuntan sólo a los terapeutas sino que está destinado también a los consultantes, tanto en el aspecto psicoeducativo amplio como en proveerles medios que sirvan para buscar las soluciones.

En consonancia con la tendencia que domina en esta área, los padres y familiares son citados a la escena terapéutica para compartir una tarea que les compete a todos los involucrados. Sin embargo, no por eso los niños y adolescentes dejan de estar en el centro de las intervenciones. Allí se encuentra una de las mejores virtudes de la obra, un logrado equilibrio entre los numerosos procedimientos que se exponen para ayudar a quienes padecen miedos y ansiedades, enfrentan dificultades con sus estados de ánimo o se ven envueltos en persistentes problemas de conducta sin dejar de lado el ámbito sistémico natural en que se desenvuelven esas perturbaciones.

En el cuerpo central de la obra se pone a disposición de los lectores una extensa gama de herramientas que son de gran utilidad en el curso de la terapia, tanto para que los terapeutas puedan orientar sus aplicaciones como para que los consultantes dispongan de métodos concretos en la búsqueda de las soluciones. Hay tres notas sobresalientes en esa presentación. En primer lugar, los ejercicios están pensados para operar con un espíritu de colaboración antes que de instrucción, lo que seguramente ayudará a cimentar la relación terapéutica. En segundo lugar, constituyen un menú rico y delicado, elaborado con abundante imaginación (con permiso de la academia lo encuentro sabroso). Además, y en lo que creo que es un mérito especial de esta obra, a medida que uno progresa en la lectura, percibe que las herramientas que se exponen y las sugerencias para su empleo, emergen a partir de la experiencia clínica de los autores. Esto le confiere una peculiar validez y obliga a sentir un merecido reconocimiento hacia Bunge, Gomar y Mandil por haber tenido la disposición de compartir sus instrumentos con la comunidad profesional.

El final del libro actualiza el cierre de la terapia. Breve pero no por eso poco importante, contiene las adecuadas recomendaciones que todo terapeuta cognitivo debe seguir cuando se aproxima la conclusión de un tratamiento. En ese interés por el seguimiento se afirma una vocación preventiva que ha estado presente a lo largo de toda la obra. Los textos y dibujos de algunos chicos están allí para despedirnos en ese momento, el "más lindo y divertido". Y cerramos el libro con una sonrisa.

Dr. Héctor Fernández Álvarez
Fundación Aiglé
Bs. As. - Argentina

PRÓLOGO 1ra. EDICIÓN

El gran desafío de los terapeutas es trabajar con niños y adolescentes. Con los pacientes adultos se asume como natural la importancia de la comunicación verbal en psicoterapia, y aunque se disponga de otros recursos, no cabe duda de que el diálogo constituye la herramienta privilegiada. En cambio con los niños, este tipo de relación basada en la palabra resulta insuficiente y poco adecuada para establecer un vínculo empático que permita que el proceso psicoterapéutico ocurra. Desde hace décadas, los terapeutas de niños han buscado otra vía de acceso al mundo infantil y la encontraron en el juego. Esta actividad protagonista de esta etapa evolutiva, se ha constituido en el medio ideal para descifrar el simbolismo a través del cual el niño expresa sus pensamientos y emociones. El terapeuta necesita entrenarse en la utilización de este lenguaje compartido de tal manera que sus intervenciones se desplieguen en el jugar mismo.

Los terapeutas que trabajan con adolescentes habitualmente encuentran dificultades cuando intentan tratar a los mismos como niños o como adultos, teniendo que apelar a múltiples recursos conocidos o inventados para encontrar la puerta de acceso a cada paciente en la complejidad de estas edades. A veces también se encuentran con adolescentes a los que les cuesta hablar o que tienen una actitud negativa caracterizada por el silencio, lo cual convierte las entrevistas en tediosas y difíciles de sostener. Los terapeutas sabemos que para poder trabajar en estos casos debemos apelar a nuestra creatividad, actualización de códigos típicos y habilidad personal empática.

Evidentemente existe una carencia bibliográfica que atienda a la necesidad de los terapeutas de encontrar herramientas funcionales para estas edades. La Terapia Cognitiva es un enfoque contemporáneo que aparece con una enorme diversidad técnica para el tratamiento de adultos. Sin embargo, el aporte en este sentido para abordar el tratamiento de niños y adolescentes es bastante escaso.

Este libro aparece como una respuesta a las inquietudes de los profesionales que claman por disponer de herramientas atractivas, útiles y valiosas para esta franja evolutiva. La propuesta se desarrolla en un contexto en el cual el humor es el protagonista, lo cual facilita que terapeuta y paciente queden atrapados en tareas sumamente divertidas.

La originalidad del uso de: historietas, narraciones, gráficos, frases incompletas, metáforas, role-playing, etc., ofrece la oportunidad de trabajar fluidamente diversas problemáticas. Las distintas partes del libro permiten descubrir técnicas para los tres objetivos más importantes de una terapia: "comprender el problema", "solucionar el problema" y "mantener las soluciones".

El profesional puede apelar a estas herramientas de modo diferente: utilizándolas tal como los autores las aplican, proveyendo al niño o adolescente fichas para trabajar en sesión o fuera de ella, o facilitando ideas propias inspiradas en los ejemplos del texto. El objetivo es que los terapeutas puedan seleccionar de la variedad de técnicas ofrecidas, aquellas más funcionales al diseño terapéutico que están manejando, considerando desde luego la particularidad de cada paciente. Es importante también que el profesional respete su propio estilo personal y elija las técnicas que crea le son útiles y apropiadas a su modalidad de trabajo como para usarlas con comodidad y convencido de su funcionalidad.

Es de destacar también la importancia que se le da al trabajo con los padres y/o familiares, ya que esta variable constituye otro gran desafío para los profesionales que se dedican a estas edades. Es fundamental que el contexto familiar pueda colaborar con los objetivos del tratamiento, a la manera de un equipo.

En psicoterapia disponemos de un arsenal bibliográfico de teorías, y pocas obras acerca de cómo se trabaja concretamente en la clínica. Los autores de este libro, brindan un valioso aporte, ya que a partir de su experiencia comparten con el lector técnicas que les han resultado útiles y que han conceptualizado y desarrollado, según su propio decir: "de manera más didáctica, amena y adaptada a nuestro contexto cultural".

Considero este texto una iniciativa interesante y útil, que siembra nuevas posibilidades técnicas para la difícil e indispensable tarea de ayudar a los niños y adolescentes que sufren y necesitan de nosotros, los psicoterapeutas.

Lic. Sara Baringoltz
Directora
Centro de Terapia Cognitiva
Bs. As. Argentina

ÍNDICE

Capitulo 9

Capitulo 10

Capitulo 11

CAPITULO 1

INTRODUCCIÓN

El siguiente libro está dirigido a profesionales que trabajan con niños y adolescentes que quieren introducirse en el **manejo de las técnicas cognitivo comportamentales** y para quienes desean ampliar y diversificar su repertorio de herramientas clínicas. Por ello se hace hincapié en la práctica por sobre la teoría.

Apunta a complementar el trabajo de los terapeutas que basan sus intervenciones en tratamientos de **base empírica**.

Cuenta con una sección TEÓRICA y otra PRÁCTICA.

Sección teórica:

Dirigida exclusivamente a los profesionales. Se detallan particularidades de la clínica cognitivo comportamental con niños y adolescentes y una síntesis sobre el estado del arte de los tratamientos validados para los principales trastornos: ansiedad, depresión, problemas de conducta.

Sección práctica:

Dirigida al trabajo del terapeuta con los pacientes y sus padres. Se presentan una serie de **Técnicas y Fichas de Trabajo** basadas en gráficos, metáforas e historietas para realizar una adecuada conceptualización del caso, reforzar el trabajo psicoeducativo con el paciente a través de un lenguaje adaptado a su nivel evolutivo, y para el desarrollo y entrenamiento en habilidades necesarias para lograr los cambios terapéuticos.

Se divide en **tres partes**, que a su vez son los principales objetivos de la obra: **"Comprender el problema", "Solucionar el problema" y "Mantener las soluciones".**

Primera parte:

"Comprender el problema", puede utilizarse con cualquier paciente y está abocada a fomentar la comprensión por parte de los niños acerca de qué factores intervienen o influyen en su malestar y cómo estos interactúan entre si. Aquí se desarrolla el rol de los pensamientos, las emociones, las conductas, los factores ambientales y fisiológicos;

las creencias, los esquemas y las distorsiones cognitivas o errores de pensamiento.

Segunda parte:

"Solucionar el problema" se divide a su vez en tres grandes áreas: **"Miedos y ansiedades", "Estado de ánimo" y "Problemas de conducta".**

1. La sección dedicada a "Combatir" **los miedos y ansiedades** explica en qué consiste "la ansiedad", ejemplifica de una manera gráfica los factores que intervienen en su aumento (sobreestimar los peligros y subestimar los recursos) y los factores que la mantienen (el rol de las conductas evitativas y de seguridad).
   Luego se transmite cómo producir cambios en cada uno de ellos, a través de registros de pensamientos adaptados a los niños, metáforas de "cazador y los leones", "el cuento del perro", las enseñanzas del "maestro ninja" para las técnicas de relajación; y el "maestro karateca" para realzar la jerarquía de las exposiciones.
2. La sección dedicada al trabajo con las dificultades del **estado del ánimo** explica en qué consisten estos problemas y luego detalla diversas técnicas para superarlos. Las actividades placenteras, el termómetro del ánimo, la relación entre realizar actividades placenteras y sentirse mejor, "hacer fierros con la tristeza", "los espirales emocionales", la metáfora del detective para cuestionar los pensamientos automáticos negativos, el gráfico de torta, historietas, jugar el rol del psicólogo, cómo resolver problemas, habilidades sociales y de comunicación.
3. La sección destinada a los **Problemas de conducta**, focaliza en dificultades características de los niños con estos trastornos, cómo evaluar alternativas de acción y estilos de comunicación interpersonal. A partir de ejercicios como "las enseñanzas del maestro buda", la resolución de problemas, la técnica del semáforo para "parar, pensar y actuar", los contratos y la "limpieza de los anteojos espejados", se apunta a incentivar al pequeño en la ejercitación de diversas capacidades para controlar su conducta.

Tercera parte:

En la sección correspondiente a **"mantener las soluciones"**, se apunta a reforzar los logros alcanzados y se extienden certificados y/o diplomas. Se realizan actividades en las que el paciente consolida lo aprendido por medio de cuentos, publicidades, dibujos o actuaciones donde puede explicar a otros niños cómo superar las dificultades que él superó; qué cosas debería seguir realizando y qué cosas no debería hacer para mantener sus logros (ver figura nº1).

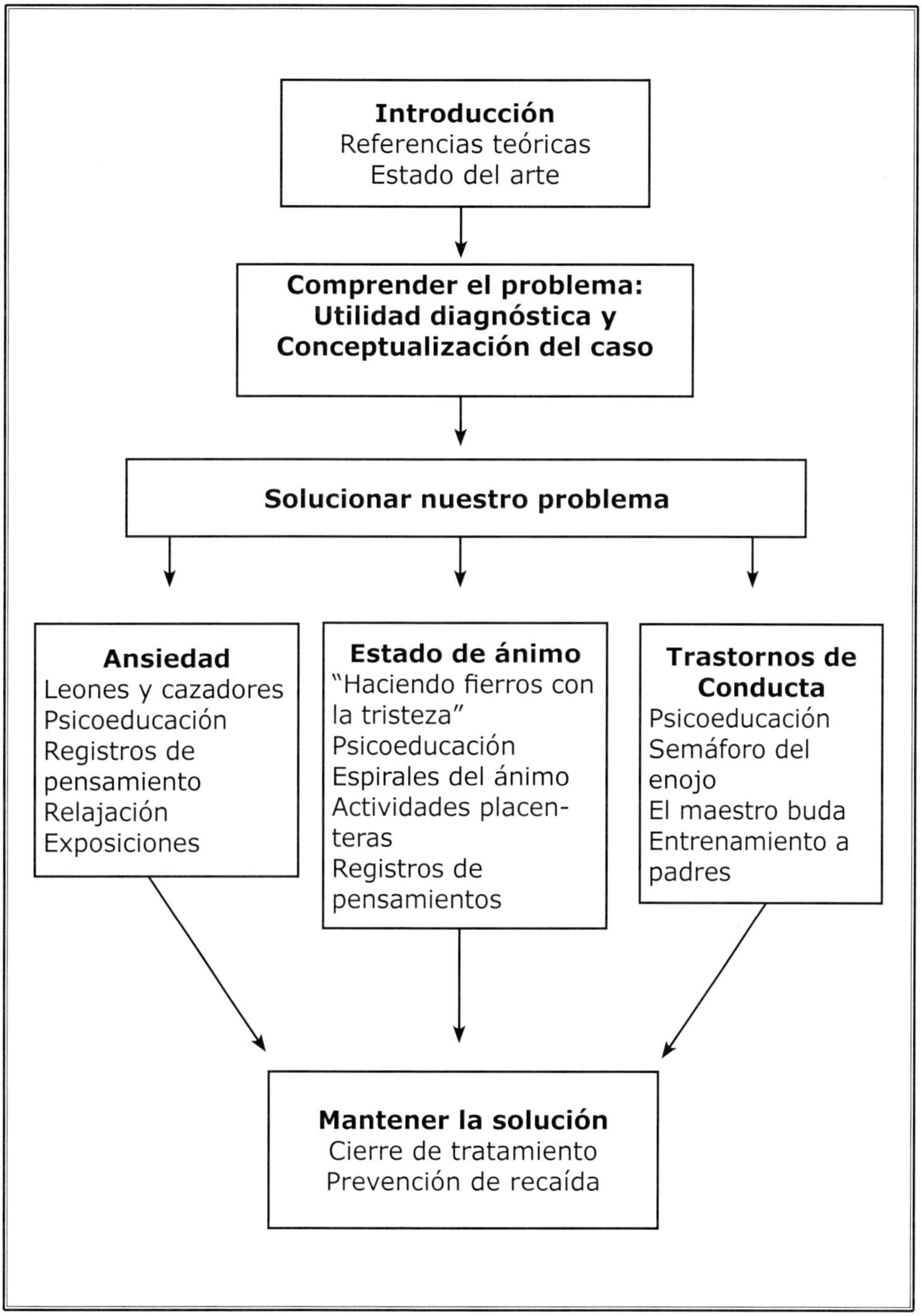

Figura: nº1. Estructura del libro.

MARCO GENERAL DEL LIBRO

Para poder realizar un adecuado tratamiento psicoterapéutico es indispensable establecer una sólida **alianza terapéutica**. Este elemento está por encima de cualquier ingrediente técnico de los tratamientos, por lo cuál se recomienda tomarse el trabajo que sea necesario para lograr un buen vínculo con el paciente antes de comenzar a utilizar las fichas.

En los últimos años se han realizando una serie de investigaciones que resaltan la importancia del **estilo del terapeuta** en el resultado de un tratamiento. Si esto ocupa un lugar central en la clínica con los adultos, con los niños y adolescentes no puede ser dejado de lado. Quienes utilicen el libro deberán prestar especial atención a su propio estilo personal a la hora de ponerlo en práctica.

Consideramos que un adecuado cuidado de estos dos ingredientes comunes a cualquier psicoterapia podría optimizar el resultado del tratamiento. De todos modos ambos conceptos no son desarrollados en el presente libro debido a que se priorizaron los factores específicos de la terapia cognitivo-conductual.

La parte práctica es **psicoeducativa y terapéutica**. No pretende ser un manual de tratamiento ni un libro de autoayuda, tampoco es un libro para padres aunque los terapeutas pueden decidir utilizarlo en conjunto con ellos. Es por eso que aunque cuenta con una secuencia lógica no es para ser utilizado de principio a fin, sino para que cada terapeuta elija qué **técnicas** trabajar con qué **pacientes** y en qué momentos. Bajo ningún concepto puede aplicarse como un manual de recetas de cocina. El manejo del siguiente libro requiere flexibilidad, experiencia y supervisión por parte del terapeuta.

Cabe aclarar que debido a que la **comorbilidad** suele ser la regla en la manifestación de los trastornos en niños y adolescentes, si bien se diferencian tres secciones destinadas a cada grupo de trastornos en sí, es probable que los terapeutas consideren necesario utilizar las técnicas desarrolladas a lo largo de toda la obra con la mayoría de sus pacientes.

Si bien las técnicas pueden utilizarse tal como se encuentran desarrolladas, es aconsejable tomarlas como guía y adaptarlas a la **narrativa particular** de cada paciente. Si lo utiliza al pie de la letra es posible que su paciente no se sienta identificado y, por ende, no encuentre los resultados que espera.

Los autores consideramos que la terapia con niños y adolescentes no puede basarse exclusivamente en la palabra, sino que es fundamental contar con imágenes para transmitir ciertos conceptos, es por ello que se intentó que cada concepto esté acompañado por gráficos explicativos.

El texto está basado en la **teoría cognitivo-conductual** iniciada por A.T. Beck, toma aportes de otras escuelas como la sistémica (por ejemplo: "la pregunta del milagro" de De Shazer, 1986) e incluso en conceptos desarrollados por los propios autores. Se recomienda expresamente complementar su uso con un adecuado conocimiento del **marco teórico** que sustenta la práctica psicoterapéutica cognitivo-conductual con niños y adolescentes ya que existen numerosas técnicas terapéuticas que quedan por fuera de esta obra.

FUNDAMENTO EMPÍRICO DE LAS TÉCNICAS

La siguiente obra no consiste en un programa que se haya validado en ningún estudio controlado, sino que toma como referencia a dichos estudios y ejemplifica las técnicas adaptadas al contexto cultural de Sudamérica.

LIMITACIONES

Debido a que el principal interés de esta obra es el tratamiento, han quedado por fuera importantes aspectos que hacen a la evaluación y al diagnóstico de los pacientes. Consideramos que quienes se desenvuelven en el ámbito clínico deben tener un importante entrenamiento en la evaluación diagnóstica para luego poder aplicar las técnicas incluidas aquí.

Si bien las técnicas desarrolladas a continuación pueden aplicarse en niños a partir de los 8 años de edad aproximadamente, creemos que con un cuidadoso manejo de las mismas y bajo una minuciosa supervisión por parte del Terapeuta pueden ser utilizadas con niños de menor edad (siempre teniendo en cuenta el período evolutivo del pensamiento del niño con el que se trabaja). Es decir que las técnicas que requieran niveles complejos de abstracción no serían recomendadas para el trabajo con niños cuyo pensamiento sea preoperatorio u operatorio concreto.

El trabajo con **adolescentes** por otro lado, representa todo un desafío para los terapeutas y requiere de una extrema flexibilidad en el estilo personal del profesional. Por eso se recomienda seleccionar con ellos las intervenciones que el adolescente pueda asimilar con mayor facilidad de acuerdo a su personalidad y evitar especialmente que las fichas se transformen en una "tarea escolar" que suele ser precisamente lo que los adolescentes más aborrecen.

Por otro lado, al abarcar a los trastornos de ansiedad, estado del ánimo y del comportamiento, se incluye la mayor parte de la consulta terapéutica pediátrica, lo cual es muy extenso pero se deja de lado aquellos pacientes que presentan trastornos del desarrollo, de la alimentación, adicciones, entre otros. Tampoco se incluyen técnicas específicas para aquellos pacientes que presentan problemas que exceden a los trastornos clasificados en el DSM IV o aquellos que presentan trastornos adaptativos u otros problemas que puedan ser objeto de atención clínica como los relativos a las relaciones paterno-filiales, económicos, a los grupos de apoyo, etc. Incluso otros conflictos que pueden no ser el principal motivo de consulta pero sin embargo suelen estar presentes en las inquietudes de los padres como los celos entre hermanos.

Debido a que el libro pretende ser esencialmente técnico se presentan sólo unas breves **explicaciones teóricas** que sustentan, junto a las investigaciones en psicoterapia, a cada una de las intervenciones. Las mismas cuentan con sus respectivas referencias bibliográficas para quienes deseen consultar y profundizar sus conocimientos.

CAPITULO 2

SECCIÓN TEÓRICA

CONCEPTOS BÁSICOS DE LA TERAPIA COGNITIVO COMPORTAMENTAL CON NIÑOS Y ADOLESCENTES

Introducción

Investigaciones desarrolladas a lo largo de muchos años avalan la viabilidad de la Terapia Cognitiva Conmportamental para el tratamiento de diversos trastornos. Se ofrece a continuación una síntesis general de algunos conceptos y estrategias dirigidas a colaborar con la difusión del modelo: una valoración de diferentes intervenciones, a partir del juego y del dibujo, en una clínica psicoterapéutica con niños entendida desde el paradigma cognitivo comportamental.

Se desarrolla con este propósito una conceptualización teórica básica, se propone una clasificación de diferentes tipos de técnicas y se expone su aplicación práctica a través de pequeñas viñetas clínicas.

Hipótesis básica de la terapia cognitivo comportamental (TCC)

El postulado fundamental de la TCC consiste en que los pensamientos ejercen una influencia en las emociones y la conducta. Se considera que los individuos responden al significado adjudicado a las situaciones, más que a los eventos mismos. Esto no equivale a decir que los factores cognitivos ejerzan un rol causal exclusivo en la etiología de todos los trastornos. Afirmar que "lo que usted piensa puede determinar lo que usted siente" significa que, ante diversos acontecimientos la persona realizará interpretaciones de estos hechos con una serie de pensamientos que fluyen continuamente en su mente. A esto se lo llama "diálogo interior". Estos pensamientos, y no los hechos reales, son los que podrían determinar su estado de ánimo. El objetivo de la Terapia cognitivo-comportamental se centra en que se flexibilicen los modos patológicos del procesamiento de la información ya que no padecemos por las situaciones en sí, sino por las interpretaciones rígidas que de ellas hacemos.

Nociones generales y particularidades de la TCC con niños

En la niñez no podemos afirmar que hay una variable única que aparezca como causa de la psicopatología. Se entiende que el **comportamiento está multideterminado** por un número de factores causales (biológicos, genéticos, interpersonales y ambientales) que interactúan contribuyendo al desarrollo patológico. Pero existe evidencia empírica concerniente a que la intervención sobre el procesamiento individual de información, presenta importante incidencia sobre las manifestaciones emocionales y comportamentales (Kendall, 2000).

Estos procesos cognitivos son condicionados por creencias subyacentes que los individuos mantienen acerca de sí mismos, el mundo y el futuro. Las **creencias tácitas** o **esquemas** son construidos a lo largo del desarrollo, y funcionan como lentes que guían la percepción, recuperación, procesamiento e interpretación de la información. Cuando la respuesta emocional o conductual de un niño a un evento es desadaptativa (es decir, que es inapropiada dada la naturaleza del evento o produce un deterioro en su funcionamiento social) se presume la injerencia de déficits en sus habilidades conductuales, o distorsiones en las creencias y procesos cognitivos resultantes.

Las intervenciones en la clínica cognitiva con adultos se efectúan a través de la psicoeducación, la implementación de registros organizados de pensamientos, técnicas de cuestionamiento guiado inspiradas en la mayéutica socrática, y la realización de "tareas para el hogar" estructuradas a la manera de experimentos, con el fin de corroborar o falsar los presupuestos a partir de los cuales el sujeto adjudica sentido a sí mismo, el futuro y a su mundo de experiencia. Esta modalidad de relación terapéutica, es definida por A. Beck y cols (1979) como un "empirismo colaborativo".

En este punto se establece una importante diferencia con la terapia cognitiva con niños. Entre las principales dificultades registradas se encuentran las limitaciones relacionadas a la escasa motivación para realizar el tratamiento, el desarrollo intelectual y la capacidad de comunicación que presentan los pequeños. Esto resulta evidente especialmente en aquellos niños que se encuentran en el estadío de desarrollo definido por J. Piaget (1966) como preoperatorio (aproximadamente de los dos a los siete años), donde el pensamiento es concreto, ilógico y egocéntrico.

Estas restricciones interfieren en el beneficio que los niños pueden obtener de psicoterapias enfocadas en los aspectos verbales.

Es decir, en el caso de los niños con un nivel de pensamiento pre-operatorio, debido a la limitación para el trabajo cognitivo con él, se realizará un mayor énfasis en el trabajo con los padres. En cambio, aquellos niños que presenten un nivel de pensamiento operatorio concreto (siete a once años) van a estar capacitados para el trabajo con ciertas intervenciones cognitivas simples (modelados, entrenamientos en auto-instrucciones, etc.) y el énfasis en el trabajo con los padres podría ser menor.

En cuanto a los niños con un pensamiento del nivel operatorio formal (once años en adelante aproximadamente), se dará lugar al trabajo en base a intervenciones más complejas: se cuentan entre estas el registro de pensamientos automáticos disfuncionales y su autocuestionamiento, la refutación o validación de los mismos a partir de experimentos guiados, etc. (ver tabla 1).

La TCC con adultos asume que el individuo tiene la capacidad de diferenciar entre pensamiento racional o irracional, lógico o ilógico. Aunque el adulto puede necesitar una guía para la identificación de los pensamientos irracionales, una vez que estos son registrados, el individuo puede entender sus inconsistencias. En cambio, los niños pequeños no suelen ser capaces de diferenciar entre pensamiento lógico e ilógico, ni aún señalándoles los errores. En algunos casos tampoco son capaces de diferenciar las emociones de los pensamientos, ni de clasificarlas. De hecho, algunos autores, como Knell (1999) prefieren considerar el pensamiento disfuncional en los niños como **maladaptativo**, en vez de irracional. Esto es importante, ya que puede resultar problemático considerar como distorsiones cognitivas a las modalidades de procesamiento que son normales a determinado nivel del desarrollo evolutivo.

Otra distinción de importancia es aportada por Kendall y Braswell

Estadío del desarrollo	**Grado de limitación**	**Asimilación de intervenciones**	**Intervención con los padres**
Pre-operatorio	Alto	Conductuales	Indispensable
Operatorio Concreto	Moderado	Conductuales Cognitivas simples	Considerable
Operatorio Formal	Bajo	Conductuales y cognitivas	De acuerdo al caso

Tabla 1 (Bunge, Gomar, Mandil, 2008)

(1993), quienes definen como **déficit cognitivo** a la falta de un procesamiento cognitivo efectivo, observable por ejemplo, en el niño desatento que se aproxima a un problema de modo impulsivo e irreflexivo. Por otro lado, **Distorsión cognitiva** se refiere a la creencia o actitud fundada en una lógica irracional o distorsionada, como podría manifestarse en un adolescente depresivo que sistemáticamente minimiza sus habilidades o el apoyo que recibe de los otros mientras que maximiza o sobredimensiona sus defectos y responsabilidades en eventos negativos (Kendall y Braswell, 1993).

Siguiendo esta línea, Kendall (2000) diferencia patologías usuales en la clínica infanto-juvenil en las que preponderan las distorsiones en el procesamiento de la información respecto a cuadros en los que prepondera el déficit cognitivo. El primer grupo corresponde a los llamados **trastornos internalizadores**, que incluyen depresión y trastornos de ansiedad. En estos, se apuntará a generar tanto experiencias en el consultorio, como tareas para el hogar o el colegio, que permitan precipitar un cambio cognitivo y el cuestionamiento de las interpretaciones disfuncionales. El segundo grupo corresponde a los **trastornos externalizadores**, donde predominan las problemáticas basadas en la agresividad y el comportamiento disruptivo.

En estos, el énfasis estará orientado a proveer al niño herramientas destinadas a ejercitar las funciones de control ejecutivo poco desarrolladas. Se incluyen estrategias de autocontrol, detenerse y pensar alternativas y/o entrenamiento en resolución de problemas.

Teniendo en cuenta estas particularidades, y siguiendo desarrollos de Stern (2000), consideramos que para muchos de los niños y familias que atendemos "las palabras no son suficientes". De esto extraemos dos importantes consecuencias. La primera es el valor de la inclusión de la acción y la experiencia en el trabajo con niños. Como dice un proverbio chino: "Cuando escucho olvido. Cuando veo recuerdo. Cuando hago entiendo." La actividad motiva, estimula la comunicación y permite cambiar creencias y circuitos de interacción. La segunda consecuencia es la importancia de que la actividad sea multisensorial, incluyendo el uso simultáneo de dos o más modalidades sensoriales para recibir o expresar información (Stern, 2002). En ambos casos, serán el juego y los dibujos los que nos permitirán vehiculizar gran parte de las intervenciones.

Rol del terapeuta

El terapeuta cognitivo conductual adopta una postura activa en dichos tratamientos cumpliendo diversas funciones (Kendall, 2000):

- **Diagnosticador:** implica valorar múltiples fuentes de información (padres, hermanos, docentes, médicos y el paciente) para poder realizar una síntesis propia de la situación.

- **Consultor:** consiste en un modalidad de trabajo colaborativo con el paciente en la búsqueda de soluciones.
- **Entrenador:** Es aquel que provee ciertas estrategias para aprender determinadas habilidades cognitivas y comportamentales, para poder afrontar las situaciones conflictivas por sí mismo.

Los diferentes momentos y problemáticas requerirán del profesional tratante la flexibilidad necesaria para alternar entre estas formas de trabajo.

Evaluación diagnóstica

Debido a que los abordajes de la TCC son específicos para cada trastorno, lo primero que debemos realizar cuando consultan los padres será la evaluación diagnóstica. Para ello se pueden realizar entrevistas clínicas (algunas de las cuales pueden estar estructuradas, por ejemplo: K-SADS) con los padres, con la escuela y con el paciente. Se cuenta también con escalas que pueden ser dirigidas a los padres, a la escuela o administradas por el terapeuta con el niño. Algunos de los casos más conocidos son el Inventario de depresión infantil (CDI-Kovacs,1992), el Listado de Comprobación de Conductas (Ackenbach, 1991), que permite recabar información acerca de diversos trastornos, el SCAReD, una escala auto aplicada de ansiedad para niños (Birmaher, 1995) y la Escala de distracción y actividad impulsividad para el TDAH (Barkley, Murphy y Bauermeister, 1998).

Cabe aclarar que si bien los tratamientos cognitivo comportamentales fueron diseñados para trastornos específicos, muchos pacientes no presentan un trastorno mental como los casos de depresión, ansiedad, TDAH, etc. Los sistemas de diagnóstico reconocen esto, y es por ello que diferencian a los trastornos de otros problemas que pueden ser objeto de atención clínica, tales como la relación paterno-filial, relación entre hermanos, problemas académicos o problemas biográficos como los asociados con las distintas etapas del desarrollo u otras circunstancias vitales. En estos casos el tratamiento no esta estipulado de antemano y se irá desarrollando "artesanalmente". Debido a que no se puede realizar el diagnóstico de un trastorno mental, cobra un importante papel la conceptualización del caso que se realice.

Una vez elaborado el diagnóstico es recomendable informárselo/comunicárselo a los padres y al niño, utilizando un lenguaje accesible. Puede pedírsele al niño que le dé un nombre a su patología. Se busca un nombre acorde a la edad y a las características del trastorno explicándole que juntos trabajaremos para combatirlo, como por ejemplo en el caso de los niños con problemas en el control de enojo o Trastorno obsesivo compulsivo.

Para el modelo cognitivo la devolución diagnóstica funciona como intervención base que define el marco del tratamiento y el sentido de las operatorias posteriores. Es evidente que en la clínica infanto juvenil este intercambio de información ha de realizarse con especial cuidado. Los aportes constructivistas relacionados con la "externalización del problema", a nuestro criterio, proveen metodologías claves en este aspecto (Freeman, Epston y Lobovits, 2001). Al invitar al niño a nominar al problema como una entidad externa contra la cual se ha de luchar se promueven desde el inicio del tratamiento ciertas actitudes y modos de participación claves: informando a la vez que se despatologiza, favoreciendo el auto-distanciamiento (factor terapéutico clave en una terapia orientada a la auto-reflexión y la auto-observación), a la vez que se motiva. Para un niño ir al psicólogo "a que lo estudien" puede ser una experiencia desagradable. Pensar juntos estrategias para "ganarle a la furia" puede resultar divertido y gratificante.

Conceptualización del caso

Una vez informados del diagnóstico se pasa a realizar la conceptualización del caso. La misma provee al terapeuta el marco necesario para comprender al paciente. Sería una suerte de hipótesis acerca de:

- El modo en que el paciente llegó a desarrollar su trastorno psicológico que abarca los aprendizajes y las experiencias tempranas que contribuyen a sus problemas actuales.
- Los factores que contribuyeron a que sus problemas no se hayan resuelto.
- Creencias y pensamientos acerca de sí mismo y de los demás.

En el caso de los niños en los cuales no se cuenta con un trastorno, sino con un problema, este paso cobra especial importancia y podría reemplazar a la devolución diagnóstica.

Psicoeducación

La psicoeducación consiste en darle al paciente una breve explicación acerca de:

A) El trastorno: causas
cuan frecuente es en la población
características de la sintomatología

B) El tratamiento: alternativas disponibles
criterios para elegir uno u otro
aspectos básicos
técnicas específicas
duración estimada

Todo esto es de suma importancia para desarrollar una sólida relación terapéutica.

En la clínica infanto-juvenil, debido a que suelen estar implicados en el problema miembros de la familia, escuela, otros profesionales, etc., es importante considerar qué información se da a cada quien, con qué fin y de qué manera.

Es imprescindible el logro de consensos entre las partes, y proteger la intimidad de los pacientes y sus grupos familiares.

Con este fin se apunta definir los problemas a enfrentar de manera concreta y factible de ser resuelta entre todos. Evitar culpar a los otros, y poder cuestionar las atribuciones externas improductivas. Para ello es importante resaltar los recursos que cada uno tiene, favorecer la participación activa en el tratamiento y diferenciar el trastorno a tratar de la identidad del niño y/o adolescente.

TRATAMIENTO

Intervenciones fundamentales

A continuación centralizaremos el foco en técnicas cuya aplicación, vehiculizada a través del juego y del dibujo, suele ser eficaz en diferentes problemáticas. Debido a que consideramos que "no hay mejor maestro que la experiencia", la terapia con niños y adolescentes debe apuntar a un aprendizaje experiencial. Es decir, que el niño aprenda a través de la acción, aplicando en su propio medio las estrategias aprendidas en el consultorio.

Cuando se prescriben ejercicios para que el niño o adolescente realice entre sesiones, recomendamos expresamente evitar el uso del término "tareas" o "deberes para el hogar", ya que debido a su connotación escolar, puede desalentar al paciente a la realización de las mismas. En su lugar se proponen términos como: "experimentos", "investigaciones", "quiero que probemos una técnica especial para chicos que les pasa lo que te pasa a vos", o cualquiera que se adapte a la narrativa particular del paciente.

A continuación describiremos algunas estrategias y ejemplificaremos a partir de viñetas clínicas.

1. Entrenamiento en el reconocimiento de las emociones:

Muchos niños no diferencian emociones como ser tristeza, aburrimiento o enojo. Por ello uno de los primeros pasos será poder diferenciar y nombrar estas emociones para luego ocuparse de otros aspectos. El uso de caritas dibujadas con acertijos referidos al tipo de expresión y su motivación resulta común a estos fines.

2. Identificación y monitoreo de los pensamientos automáticos:

Estos son pensamientos que escapan a la voluntad del paciente, que son extremadamente rápidos y poseen una estructura telegráfica. Es por eso que las personas usualmente no se detienen a cuestionarlos y los toman como certeros. Estos pensamientos dan lugar a las diversas interpretaciones que cada uno realiza de las situaciones que le toca vivir e influyen en su estado anímico.

En todo tratamiento cognitivo, uno de los pasos iniciales consiste en orientar al paciente en la detección de los autodiálogos e imágenes disfuncionales que se suscitan en las situaciones problemáticas.

En la clínica infanto-juvenil solemos utilizar viñetas con "globitos de pensamiento vacíos" y/o registros simplificados y enriquecidos con ilustraciones para estos propósitos de auto-observación.

3. Reconocer la relación existente entre el pensamiento, la emoción y la conducta:

Para que el paciente participe activamente del tratamiento e incorpore la metodología colaborativa de trabajo, debe ser psicoeducado y entrenado en el reconocimiento de los nexos entre los factores más importantes que mantienen los trastornos.

Veamos algunos ejemplos:

- El niño que por las noches piensa que algo le puede suceder a sus padres cuando dejan su casa, es probable que se sienta ansioso y no pueda dormir (trastornos de ansiedad).
- El niño que piensa que sería imposible que alguien como él apruebe la evaluación de matemática, probablemente se sienta desganado y por ende, no estudie. Al desaprobar el examen, el pensamiento disfuncional podría ser reforzado (trastorno del estado de ánimo).
- Por último, el caso del niño que piensa que sus compañeros se quieren burlar de él, es factible que se enoje con ellos y finalmente los agreda (dificultades en el control de la ira).

Es posible transmitir esta información a partir del uso de historietas y esquemas ilustrados, mediante los cuales puede, primero aprender y luego deducir la interrelación entre los sucesos, lo que pensó e interpretó respecto a las situaciones problemáticas y las correspondientes consecuencias afectivas y conductuales.

4. Reestructuración cognitiva:

Como en la TCC con adultos, el paso siguiente a la identificación de pensamientos disfuncionales es su auto-cuestionamiento, promoviendo alternativas más flexibles y adaptativas. Con preadolescentes, es posible simplificar e incluir ilustraciones alusivas en los clásicos registros de pensamiento. Con niños más pequeños, se pueden utilizar marionetas caracterizando auto-verbalizaciones positivas ante situaciones estresantes, historietas con globos con textos psicoeducativos o vacíos, para que el paciente los llene, realizar cambios de roles donde el niño caracteriza al personaje o a una situación temida, etc.

Ricky tiene 12 años, y llega a consulta con ataques de pánico. Una de las intervenciones centrales consistió en ofrecerle viñetas donde un hombrecito presentaba signos externos del acceso de angustia (sudor, cara de miedo, mareo, temblor). Se le pide que llene el globo de pensamiento vacío con las autoverbalizaciones disfuncionales al momento del ataque y se trabaja en terapia posibles pensamientos alternativos, para que intente introducirlos en el globo cuando el ataque se repita.

5. Modelados:

Se pueden incluir en este apartado la variedad de técnicas que encuentran su origen en las teorías del aprendizaje social: desde el entrenamiento en asertividad y habilidades sociales, juegos de rol (rol playing) para resolver situaciones interpersonales estresantes, hasta el modelado de técnicas de afrontamiento comportamental; el niño podrá jugar a ser un muñeco de trapo durante un entrenamiento en respiración profunda, caracterizar interacciones con muñequitos o marionetas, personajes de cuentos, etc.

Nahuel, de 9 años, es traído a consulta por una fobia a los exámenes escolares. En las primeras entrevistas me muestra la historieta del "Chico superpoderoso", valiente personaje de su autoría que enfrentaba todo tipo de villanos. Se le propuso incluir en la trama un nuevo personaje, "el oso miedoso", que encarnaba los temores y medidas evitativas. A partir de ese momento, era el "chico superpoderoso" quien modelaba el afrontamiento del "oso miedoso", cuyas nuevas habilidades serían luego trasladadas al ámbito escolar del niño.

6. Estrategias para el control de impulsos:

Resultan útiles en los trastornos externalizadores cuando logramos implicar al niño o adolescente en el motivo de consulta. Están orientadas al ejercicio de funciones ejecutivas poco desarrolladas: parar y pensar antes de actuar en situaciones conflictivas, resolver problemas buscando alternativas, etc. Estos ejercicios suelen vehiculizarse a través de juegos y desafíos que apuntan a despertar el interés y la motivación del niño para enfrentar el problema.

Gabriel, de 10 años, se irrita ante la puesta de límites por parte de la madre, grita, ocasionalmente rompe cosas y se agarra a trompadas con los hermanos. En el punto en que él mismo desea resolver estas situaciones de otra forma, confeccionamos juntos una tarjeta con un "semáforo para los pensamientos". Él la va a llevar consigo a todas partes, y la sacará en los momentos en que está enojado; se tomará un tiempo para ver la luz roja y esperará un poco. Luego pensará formas posibles de resolver las cosas al mirar la luz amarilla. Cuando él decida estar preparado para concentrarse en la luz verde, llevará a cabo la acción decidida.

7. Uso de biblioterapia, cuentos e implementación de narrativas terapéuticas:

Resulta clásico el uso de material psicoeducativo adaptado a niños: podemos citar aquí "Rubén, el niño hiperactivo", de Manuel García Pérez, que resulta muy provechoso para que el paciente afectado con ADDH comience a reelaborar situaciones en las que su comportamiento provoca el rechazo y la estigmatización por parte de pares y adultos. "Mis miedos y yo" de Ileana Caputto, está orientado a que niños fóbicos comiencen a comprender la interacción entre sus pensamientos acerca de la situación atemorizante y la ansiedad resultante. Así mismo, se pueden implementar algunos cuentos o fábulas populares, que el terapeuta encuentre relacionados con el problema a tratar, vehiculizando a través de este medio un aporte de metáforas e imágenes que estimulen la creatividad del niño.

Podemos incluir en este apartado algunos procedimientos de origen constructivista, que resultan fácilmente integrables a nuestra metodología. Las técnicas narrativas apuntan a caracterizar la situación problemática a la manera de una historia, en donde el síntoma es un enemigo externo contra el cual el niño, con ayuda de sus seres queridos, podrá luchar. De esta forma, se tiende a despatologizar al consultante, externalizando el problema y favoreciendo la adjudicación de recursos a sus capacidades personales. Técnicas comportamentales típicas, como la desensibilización sistemática, pueden ser reformuladas, junto al pequeño paciente, de una manera narrativa. Desde nuestra experiencia, semejante forma de transmisión ejerce notables efectos motivacionales.

Lucas, de 8 años, padece de ansiedad de separación. Le resulta extremadamente difícil participar en cualquier actividad independientemente de sus padres, especialmente ir a la escuela. Una vez que acordamos que el miedo es un enemigo malvado y traicionero, al que debemos destruir, acepta que se lo entrene en "karate mental contra el miedo". A medida que realiza pequeñas actividades, durante mayor lapso temporal y a distancia progresiva de la mamá, se va ganando un cinturón de otro color. En el momento en que pudo participar solo de una clase, y el miedo quedó hecho trizas, se hizo acreedor de un cinturón negro y un diploma otorgado por la "Asociación Argentina de Karatecas Mentales".

Trabajo con la familia

Partimos de la base de que todo tratamiento con niños y adolescentes incluye al trabajo con la familia, debido al rol determinante que cumplen los factores contextuales en todo motivo de consulta (Datillio, 2005).

Los niños dependen de sus padres, tutores y allegados significativos. Sus esquemas cognitivos y estilos de afrontamiento están en formación y son particularmente permeables a sus influencias.

Muchas familias cuentan con recursos para facilitar los cambios, contribuir a la adherencia, al tratamiento de los pacientes, modelar comportamientos y estilos de atribución de significados y procesamiento de la información. Los terapeutas pueden ver facilitada su tarea si se incluyen estos aspectos en la terapia, ya que pueden contribuir a las soluciones del problema.

Podríamos destacar aquí ciertos factores típicos que pueden colaborar en:

- La resolución de los conflictos.
- En el origen y mantenimiento de los problemas.

1. *Familia y resolución de conflictos:*

1.1. La familia puede colaborar en la generalización de los aprendizajes:

Tomás tiene 10 años, y no es muy aceptado por sus compañeros. Sucede que va a un colegio con orientación deportiva, y él no es muy hábil. En cada partido lo burlan, o lo excluyen, o lo culpan ante la derrota. No obstante él es muy creativo, y le gusta escribir cuentos. Juntos decidimos escribir una obra de teatro, en la cual había un personaje que era burlado por los demás. Invitamos a sus padres a sugerir estrategias para afrontar las burlas, y luego lo representamos con títeres y un escenario. Finalmente se filmó y se invitó al resto de la familia a presenciar la función.

Esto favoreció la generalización de las estrategias al ámbito escolar.

1.2. Los padres pueden modelar conductas adaptativas, transmitir otras formas de entender los problemas:

Pedro de 15 años consulta por su timidez. En una entrevista familiar el padre refiere: "yo era igual, Pedro. De chico me ponía pálido frente a otras personas, me costaba mucho hablar con los demás. Cuando murió el abuelo me tuve que hacer cargo de su negocio y empecé a atender al público. Al principio temblaba de los nervios, transpiraba, pero no tenía otra opción ya que el negocio era el sustento de la familia. Con el tiempo me fui acostumbrando, me di cuenta que todo lo que me imaginaba no era tan difícil. Ahora me siento mucho más seguro y hasta lo disfruto. Estoy seguro que con tus recursos si te enfrentas también lo vas a poder superar".

El padre modela experiencias de afrontamiento a los temores, no invalida su temor sino que lo alienta a enfrentarlo.

2. *Familia: inicio y mantenimiento de los conflictos:*

2.1. Las conductas problemáticas de los niños pueden ser sostenidas por creencias disfuncionales de los mismos padres:

Diego tiene 14 años, y concurre a la consulta con una nota de derivación de la escuela, que se entrega en sobre cerrado. La misma dice que el joven tiene problemas de conducta en el establecimiento, con agresividad hacia sus pares y sus docentes. Asimismo agrega que sus actitudes se ven apañadas por justificaciones de ambos padres.

En entrevista, el padre refiere: "Yo creo que lo que hace Diego está bien. El problema es que el colegio es muy rígido. Yo cuando era pibe, me crié en el mismo barrio, y sólo me podía hacer respetar a los golpes. Y tan mal no salí. No entiendo por qué en esta escuela hacen tanto lío porque mi hijo se agarre a trompadas para hacerse valer. ¿Prefieren que lo tomen por estúpido?

2.2. En otros casos los padres sin quererlo pueden agudizar la problemática.

Nicolás, de 5 años, es traído a la consulta porque no quiere entrar al jardín de infantes. No han logrado que se quede sin la presencia de la madre. Esta última refiere "Me tiene harta. Dice que tiene miedo a quedarse y que después no lo vaya a buscar. Yo le dije que me está volviendo loca. Que si sigue así lo voy a llevar a una escuela pupila, y ahí sí que no lo va a ir a buscar nadie".

En este ejemplo se ve como la madre en su intento de solución lo amenaza a su hijo con mensajes que fomentan su sesgo catastrófico.

2.3. Otro de los factores familiares que pueden influir en el desarrollo de las conductas son las consecuencias situacionales.

Es decir que por más extraña o azarosa que nos parezca una conducta la misma esta determinada, al menos en parte, por las consecuencias que se espera obtener. La tradición conductual desarrolló el concepto de refuerzo para explicar este fenómeno.

El refuerzo podría definirse como cualquier estímulo que se presenta a continuación de una conducta logrando que se incremente su frecuencia. Hay dos tipos de refuerzo, el positivo y el negativo. El primero implica la utilización de una conducta para obtener una consecuencia deseada. Por ejemplo:

Analía consulta debido a que ya no puede controlar los berrinches de su hijo de 5 años. Refiere "Una vez lo pasé a buscar por el colegio, y pasamos caminando por el kiosco. Tomás me pidió que le comprara un chocolate, y yo le dije que no porque íbamos a comer en casa. Entonces se tiró al piso, se puso a hacer un escándalo terrible, y gritaba que quería el chocolate. La gente me miraba, y yo no sabía que hacer, entonces se lo compré. En ese momento se tranquilizó, pero cada vez que paso por el kiosco es un problema".

2.4. Por otro lado, el refuerzo negativo consiste en la utilización de una conducta para evitar consecuencias no deseadas. Por ejemplo:

Susana es la madre de Rodrigo, de 5 años. Relata que la convivencia con él es muy difícil. Por ejemplo, cada vez que tengo que bañarlo es un caos. Generalmente, está jugando a algo, y tengo que decirle 10 veces que se vaya a bañar. Él me dice que espere un ratito más, y mientras tanto sigue jugando. Al final terminamos con que le desconecto el jueguito y lo llevo a la fuerza, mientras el llora y grita".

Aquí vemos como el niño a través de una conducta disfuncional logra evitar, al menos por un tiempo, aquello que no desea. En este caso: no bañarse.

2.5. El refuerzo positivo o negativo, no se da sólo en los niños. Veamos el siguiente ejemplo:

Lucas tiene 9 años. Los padres consultan luego de haberlo cambiado tres veces de colegio por problemas de conducta. El padre refiere "yo lo entiendo, porque somos iguales. Yo soy de agarrarme a trompadas cuando manejo, o en el trabajo. De todos modos yo le hablo. Le digo que se tiene que portar bien. Pero parece que sólo entiende cuando le pego. Porque antes de eso, le digo las cosas 10 veces, y no me hace caso. Es hijo del rigor".

Aquí podemos ver como, al igual que en los niños, también se refuerzan conductas disfuncionales en los padres, generando en algunos casos una escalada de violencia. El padre de este ejemplo prueba hablarle a su hijo, y no consigue detener la conducta. Pero con la experiencia ha aprendido que pegándole sí lo consigue, al menos momentáneamente. De ese modo, se incrementa la frecuencia de castigos físicos hacia el niño, generando mayor ansiedad y modelando la conducta que se quiere extinguir.

2.6. Las expectativas desmedidas de los padres pueden generar respuestas adversas en sus hijos. Por ejemplo:

Juan Pablo de 9, presenta desgano, los padres dicen que nada le viene bien, "está desmotivado y malhumorado", le cuesta relacionarse con sus compañeros y pasa mucho tiempo solo.

Sus padres coinciden: "su vagancia es como una barrera para Juampi. Si bien aprueba las materias, nosotros pensamos que da para más. Tiene capacidad para ser de los primeros promedios. No queremos que sea mediocre".

2.7. En ciertas ocasiones es pertinente considerar la intervención sobre la posible psicopatología parental. Esto puede hacerse mediante la orientación a padres o la derivación para tratamiento individual si es necesario.

Pedro de 5 años presentaba serias dificultades para separarse de su madre, dormía con ella y muchas veces se negaba a ir a la colonia de vacaciones. Cuando se indagan posibles explicaciones él refiere que su madre suele salir por las noches y teme que le suceda algo. Al cabo de unas sesiones se vislumbra que su madre padece de trastorno bipolar y al momento se encontraba sin tratamiento y sumamente desestabilizada.

Podría decirse aquí que la conducta del niño puede ser adaptativa en cierto punto y está claro que el foco de intervención principal en ese momento es la patología materna.

2.8. Diferentes criterios de crianza entre los progenitores o figuras a cargo del niño.

Andrés y Camila consultan por su hijo Mateo de 13 años. Dicen que tiene problemas de autoestima y que le cuesta relacionarse con los demás. Refieren ser muy distintos entre ellos. Andrés dice: "somos como Esparta y Atenas, yo soy ingeniero, planifico las cosas y considero que los chicos tienen que aprender a arreglárselas solos. Ella es psicóloga, todo amor y sobreprotectora. Marcos en ocasiones no sabe qué esperar de nosotros y en otras, sabe muy bien a quien pedirle las cosas. Ambos sí coinciden en que "muchas veces no cuenta con un entorno consistente que le permita saber donde está parado".

En este caso el terapeuta puede intentar generar acuerdos donde ambos padres logren un equilibrio en sus dos posturas. Respetando sus objetivos, es decir, poder brindarle la contención que la madre quiere, sin dejar de fomentar la independencia y sensación de logro que el padre busca.

2.9. Fomentar una orientación dirigida a la resolución de problemas y no a la culpabilización. Generar propuestas en lugar de quejas y acusaciones.

Los papás de Jorge, de 9 años, se presentan avergonzados ante el terapeuta. En el intento de explicar los problemas de conducta de su hijo, comentan lo jóvenes que eran cuando lo tuvieron, lo poco preparados que estaban como padres e intentan proveer al terapeuta de un extenso listado de errores y posibles situaciones traumáticas a las cuales, por su supuesta incapacidad, expusieron a su hijo.

Los sesgos atribucionales demasiado rígidos y globales suelen disminuir la motivación y entorpercer la búsqueda de alternativas para el cambio. Cuestionar las culpabilizaciones inútiles y las posturas acusadoras e intransigentes favorece la responsabilización y las actitudes proactivas.

El terapeuta, atento al estilo atribucional interno, global y estable de la pareja, normaliza estas dificultades en la crianza, resalta sus recursos y los focaliza en las alternativas plausibles de ser generadas en el aquí y ahora para lograr los cambios.

En síntesis, al incorporar a las figuras significativas en la crianza del niño, pretendemos potenciar y generalizar los resultados a los ambientes usuales donde los problemas se presentan. Acreditar a los padres como co-terapeutas tiende a transformar al hogar en un contexto terapéutico donde los aprendizajes conjuntos continúan.

Prevención de recaídas

En las fases finales del tratamiento se suele realizar un trabajo de prevención de recaídas que consiste en repasar las distintas estrategias utilizadas que dieron resultados en la resolución del conflicto. Se anticipa la posible aparición de estresores significativos y se fomenta una actitud autónoma de afrontamiento.

Conclusiones, consideraciones y perspectivas futuras

Vale la pena aclarar que seguimos considerando la intervención dirigida a familiares y contextos educativos como una parte fundamental en nuestros tratamientos. En este sentido, los programas de entrenamiento para padres o las intervenciones destinadas a lograr consensos operativos en ambientes conflictivos, típicas de la literatura en Terapia Familiar, constituyen en muchas situaciones metodologías de elección que la conceptualización del caso nos lleva a implementar.

Sin embargo, decidimos enfatizar en estas líneas la transmisión de formulaciones y herramientas poco divulgadas en nuestro ámbito: el trabajo sobre las cogniciones y medidas de afrontamiento de los niños y adolescentes junto al terapeuta en la situación de consulta.

Consideramos pertinente recordar algunos aspectos claves que se desprenden de los conceptos desarrollados hasta aquí, los cuales se expresan en el cuadro siguiente.

Claves para el Fracaso Terapéutico con Niños y Adolescentes

1. No se interese por los gustos del niño, la alianza no importa.
2. Sea aburrido y estructurado. No se divierta con él.
3. Oblíguelo a venir.
4. No lo haga participar.
5. No defina u olvide los objetivos con el niño.
6. Trabaje sólo con el niño.
7. Dedíquese solamente a jugar con él.
8. Excluya el contexto del niño. Padres, hermanos y escuela no influyen.
9. Responsabilice a los padres pero no les aporte soluciones.
10. Repita lo que no funcionó.
11. Ignore alternativas médicas y las guías de práctica clínica.
12. Haga que el niño se adapte al tratamiento en lugar de adaptar el tratamiento a él.
13. Concéntrese en marcar sólo los errores.

CAPITULO 3

MODELOS DE TRATAMIENTO

TRATAMIENTO COGNITIVO COMPORTAMENTAL PARA LA ANSIEDAD EN NIÑOS Y ADOLESCENTES

El malestar y las consecuencias negativas ocasionadas por las fobias en la infancia suele ser subestimado (March, 1995). Actualmente se sabe que los niños presentan numerosos miedos a lo largo de su crecimiento, los cuales muchas veces suelen ser transitorios, de intensidad débil y esperable para su edad. Kagan (1988) por ejemplo, afirma que la timidez es evidente desde los cuatro meses de edad. La bibliografía científica considera estos miedos evolutivos como un aspecto normal del desarrollo, que proporciona a los niños medios de adaptación a variados estresores vitales (Morris y Kratocheill, 1987). Los miedos más frecuentes durante esa etapa se detallan en tabla 2.

Estadío evolutivo	Situación temida
Del nacimiento a los 6 meses	Pérdida de contacto físico con la madre Ruidos intensos
7 a 12 meses	Personas extrañas
1 a 5 años	Ruidos intensos, animales, oscuridad
3 a 5 años	Monstruos, fantasmas
6 a 12 años	Daños físicos, ser castigado, fracaso escolar
12 a 18 años	Pruebas o exámenes, sentirse socialmente avergonzado o excluído

Tabla 2 (Dulcan y Popper, 1991)

Los trastornos de ansiedad más comunes de 8 a 10 años de edad son: la ansiedad de separación, la fobia específica, la fobia escolar y la ansiedad excesiva infantil.

Algunas de las manifestaciones típicas son: los temores referentes a una posible separación, daño y/o pérdida de las figuras de apego, la evitación de situaciones sociales y formativas, quejas sobre síntomas físicos como dolor de estómago, náuseas, cefaleas, etc. La Cuarta Versión del Manual de Diagnóstico y Estadística de la Asociación Americana de Psiquiatría (1994) afirma que en los niños, la ansiedad puede traducirse en llantos, berrinches, inhibición o abrazos.

Características generales de la ansiedad

La ansiedad es una reacción emocional que se da ante la percepción de una amenaza o peligro y tiene como finalidad la protección del individuo. Las personas que padecen trastornos de ansiedad creen estar expuestas a una amenaza física o social. Si la amenaza esta objetivamente presente o no, es irrelevante para la experiencia de la ansiedad, ya que lo esencial es la interpretación de la situación como amenaza personal, es la significación de los hechos lo que determina la emoción más que los hechos mismos (Keegan, 1998).

Lang (1978) postula una teoría tripartita de la ansiedad, en la cual se pueden dar simultáneamente:

- Síntomas fisiológicos, como los cardiovasculares: taquicardia, elevación de la T.A., opresión en el pecho, síntomas respiratorios como ahogo y gastrointestinales como las náuseas.
- Cognitivos o mentales como: ideas o imágenes catastróficas, sensación de inseguridad, sentimientos de inferioridad.
- Síntomas conductuales como evitación, inquietud y parálisis.

Cabe destacar que no toda ansiedad es patológica, sino que se puede diferenciar entre la ansiedad adaptativa vs. patológica, la cual muy frecuentemente se caracteriza por ser desproporcionada respecto al estímulo, y duradera, produciendo limitaciones en la vida diaria de la persona que la padece (ver tabla 3).

Ansiedad Adaptativa	Ansiedad Patológica
Preocupaciones presentes o del futuro inmediato	Basada en una apreciación irreal o distorsionada de la amenaza
Desaparece tras resolver el problema	Desmedida, persistente
	Restringe la autonomía

Tabla 3

Etiología

La Etiología del trastorno se debe a una combinación de elementos:

- Vulnerabilidad biológica, por ejemplo: un bajo umbral de activación del "arrousal" afectivo.
- Procesamiento sesgado de la información por parte del niño, por ejemplo: magnificar los peligros y desvalorizar los recursos de afrontamiento.
- Transmisión cultural del "sesgo catastrófico" en ambientes significativos como la familia.
- Experiencias de aprendizaje, por ejemplo: un patrón de apego ansioso en la crianza.

Se puede distinguir entre los factores predisponentes como los genético-hereditarios, el temperamento y el aprendizaje infantil, por un lado, y por el otro, los factores precipitantes, los acontecimientos aversivos actuales.

Modelo cognitivo de la ansiedad

Algunos autores mencionan cómo, diversas experiencias de aprendizaje en la infancia producen la formación de esquemas de pensamiento. Estos pueden activarse a partir de una situación determinada dando lugar a una modalidad de procesamiento característica de cada patología.

Kendall (2000) afirma que el pensamiento de los niños ansiosos sobre sí mismos y el mundo, suele manifestarse como cogniciones desadaptativas, incluyendo temores de ser lastimados o heridos, pensamientos auto críticos y de peligro o amenaza. El objetivo de los tratamientos cognitivos en niños no consiste en reemplazar sus pensamientos por pensamientos positivos, sino en ayudarlos a identificar y cuestionar su pensamiento negativo. Lo que él mismo llama: "el poder de no pensar negativamente" (Kendall, 1984). A continuación se datalla el modelo de Beck, Emery y Greenberg (1985).

La ansiedad aumenta de acuerdo al grado en que:

- se sobrestima la amenaza y el costo o significado que se le asigna (por ejemplo: "mi madre se va ir" y "no volverá nunca").
- se subestima la propia capacidad de afrontamiento y los factores de rescate (por ejemplo: "sin ella no voy a saber qué hacer" y "nadie me va a ayudar").

La ansiedad tiende a mantenerse debido a:

- Las conductas de evitación.
- La atención selectiva de las amenazas.
- Las medidas de seguridad.

Estas conductas y modos de procesamiento impiden la desconfirmación de las creencias catastróficas. Por ejemplo, evitar ir a lugares sin la madre, estar pendiente de si se aleja y aferrarse a ella cada segundo durante la fiestita de cumpleaños de un niño, impedirá que el paciente se habitúe a la ansiedad, que compruebe que su malestar disminuye con el tiempo y que puede desenvolverse solo como el resto de los chicos, que su madre, aunque se retire no lo dejará por siempre, etc.

Estudios de tratamiento

Para profundizar sobre los diversos estudios de tratamiento y el datalle de los manuales de tratamiento se remite al lector a:

- Gomar, M., Mandil, J., y Bunge, E. (2010). Manual de Terapia Cognitiva Comportamental con Niños y Adolescentes. Editorial: Polemos. Buenos Aires. Capítulos 6,7,8 y 9.
- Kendall, P.C. y Kosovsky, R. (2009). El gato valiente, manual para terapeutas. Editorial: Akadia. Buenos Aires

Modelos de intervención: Componentes claves del tratamiento

(Kendall y Kosovsky, 2009)

- Secuencia graduada de actividades de entrenamiento y tareas
- Procedimientos de juego de roles
- Modelo de afrontamiento
- Asignación de tareas (actividades DQP – Demostrar-Que-Puedo)
- Educación emocional
- Conciencia de las reacciones corporales en estado de ansiedad
- Entrenamiento en relajación
- Identificación y modificación del diálogo interno
- Recompensas contingentes
- Práctica de habilidades recientemente aprendidas en situaciones con aumento progresivo de provocación de ansiedad (es decir: técnicas de exposición), en vivo y/o en imaginación
- Diseño y realización de un comercial desarrollado por el niño

TRATAMIENTO COGNITIVO CONDUCTUAL PARA LA DEPRESIÓN EN NIÑOS Y ADOLESCENTES

Barlow y Durand (2003) señalan que, en la actualidad contamos con pruebas de que bebés de tres meses de edad pueden deprimirse y que los niños de madres deprimidas manifiestan marcadas conductas depresivas. Actualmente es sabido que la depresión en la infancia y en la adolescencia es más frecuente de lo que se suponía. Sin embargo, los trastornos del estado del ánimo como la distimia, suelen ser ignorados en la infancia (Kashani, 1990).

Las investigaciones que se vienen realizando hace ya unos 20 años arrojan datos alarmantes que resaltan la importancia de enfatizar en el adecuado diagnóstico y tratamiento de la depresión en la niñez y la adolescencia. La prevalencia de la depresión en los niños en etapa prepuberal varía entre un 1% y 3% (Fleming y cols., 1989; Whitaker y cols., 1990; Lewinsohn y cols., 1993; Birmaher, 1996); y en adolescentes entre un 3% y 9% (Birmaher, 1996; Mc Gee y cols., 1990; Garrison y cols., 1992) es decir ocurre a niveles comparables a los de la adultez (Lewinsohn et al., 1993; Kashani et al., 1987). Según los estudios de cohorte, hay un aumento secular de la prevalencia del TDM y pareciera que ocurre cada vez a edades más tempranas. En jóvenes con depresión el riesgo de recurrencia es significativamente alto y alarmante: se estima en un 45% (Lewinsohn et al., 1999). Las tasas de suicidios en sujetos de 15 a 19 años se incrementaron alrededor de 4 veces desde 1950. Esto se halla fuertemente ligado a: el abuso de sustancias durante la adolescencia, un elevado impacto académico (Birmaher, 1996) y la presencia de trastornos comórbidos (Grupo de Estudio del Tratamiento para los adolescentes con Depresión, 2005).

Estudios de tratamiento

Para profundizar sobre los diversos estudios de tratamiento y el datalle de los manuales de tratamiento se remite al lector

- Gomar, M., Mandil, J., y Bunge, E. (2010). Manual de Terapia Cognitiva Comportamental con Niños y Adolescentes. Editorial: Polemos. Buenos Aires. Capítulos 10 y 11.

Modelos de intervención

Para el tratamiento de los niños con trastorno depresivo mayor se destaca el programa de Stark et al. (1987), para el autocontrol.

Para el caso de los adolescentes con trastorno depresivo mayor dentro de los distintos modelos de tratamiento, uno de los que sin duda ha sido más exhaustivamente probado es el Curso de Afrontamiento de la depresión-Adolescentes (CADA-Clarke, Rohde, Lewinsohn, Hops y Seeley,1990), que consiste en un programa grupal de 4 a 8 participantes, entre 14 y 18 años que se realiza a lo largo de 16 sesiones de 2 horas de duración. El mismo tiene el formato de un curso con un fuerte tinte psicoeducacional,de carácter no estigmatizante y donde el terapeuta tiene un rol de instructor, distinto al modelo clásico de psicoterapeuta al que estamos habituados. Las intervenciones en la fase aguda con los adolescentes involucra el empleo de diversas técnicas (ver tabla 4)

Componentes claves del CADA
Monitoreo del estado de ánimo.
Habilidades sociales.
Actividades placenteras.
Manejo de la ansiedad.
Reestructuración cognitiva.
Técnicas de comunicación.
Resolución de problemas.

Tabla 4

Seguido a la fase aguda incluye una sección de trabajo con los padres, donde se realizan 2 sesiones en conjunto con los adolescentes, durante las cuales cada familia practica las habilidades de resolución de conflictos.

Ventajas del tratamiento temprano

En un estudio realizado por Clarke, Rohde, Lewinsohn, Hops y Seeley (1999) se observó que los adolescentes que recibían psicoterapia cognitiva para la depresión presentaban un riesgo de recurrencia de un 25%, lo cual es un porcentaje significativamente menor al que se puede observar en estudios realizados con adultos y en el curso natural de los adolescentes que no fueron tratados. Esto se explicaría por la ventaja que genera tratar la depresión antes de que múltiples episodios agraven el cuadro.

TRATAMIENTO COGNITIVO CONDUCTUAL PARA LOS TRASTORNOS DE CONDUCTA EN NIÑOS Y ADOLESCENTES

Esta sección está destinada al trabajo con los niños con trastornos externalizadores. Suelen incluirse en este conjunto a los pacientes con diagnósticos tales como: trastornos por déficit de atención; oposicionistas; desafiantes; de conducta; disocial y problemáticas variadas, todas relacionadas con el manejo y la regulación de las emociones, y el control de impulsos. Esta sección apunta al trabajo con los niños externalizadores que se caracterizan por la impulsividad, cuya implicancia en la conducta agresiva genera problemas a nivel de las relaciones y el aprendizaje.

Actualmente las principales líneas de abordaje son:

- Las que trabajan con los contextos familiares y educativos; los factores reforzantes del comportamiento del niño, como el caso del programa de orientación a padres de Barkley (1999).
- Las que trabajan junto al niño en pos del desarrollo de las funciones cognitivas de autocontrol, como el de Meichenbaum & Goodman (1971), quienes fueron los primeros autores enmarcados en la TCC que aplicaron dicho encuadre con niños, o el de Kendall y Braswell (1993).
- Las que promueven la resolución cooperativa de problemas en entornos familiares conflictivos como la de Ross W. Greene y J. Stuart Ablon (2006).

En la práctica clínica los profesionales frecuentemente integran componentes de estas tres líneas de trabajo. En este libro se hace un mayor énfasis en las técnicas cognitivas de autocontrol debido a que está principalmente destinado al trabajo entre el niño y el terapeuta.

Etiología

En la actualidad existe consenso científico respecto a que la etiología de este tipo de problemáticas sería multicausal. Barkley (2000), por ejemplo, postula que la conducta disfuncional de los niños se debe a la relación entre los siguientes factores:

Características del niño: como los factores neurobiológicos, los cuales influyen en su temperamento y en el funcionamiento de las áreas de la corteza prefrontal orientadas a la planificación, inhibición y control de las conductas. Los factores psicológicos, que desde una perspectiva cognitiva comprenden tanto al déficit como a la distorsión del procesamiento de la información y funciones de autocontrol del niño.

Estresores ambientales: comprenden las características de los ambientes de crianza, y desarrollo del niño, atendiendo a las modalidades de organización y estrategias para la resolución conjunta de problemas.

Consecuencias: refuerzo positivo y negativo de los comportamientos disfuncionales. Los refuerzos consisten en aquellas consecuencias, presentes en el contexto, que aumentan la probabilidad de aparición de una conducta determinada.

Características de los padres: posible psicopatología en figuras significativas que lo integran.

Por otro lado, Greene y Ablon (2006) postularon recientemente que las conductas explosivas de los niños pueden deberse a una incompatibilidad de características entre los padres y los niños. Estos pueden presentar déficits en la flexibilidad o adaptabilidad, en la tolerancia a la frustración y/o en la resolución de problemas, los cuales serían producto de las dificultades en las funciones ejecutivas, habilidades de procesamiento verbal, regulación de las emociones (crónicas no momentáneas), flexibilidad cognitiva (ejemplo: Pensamiento Todo-o-Nada, Concreto) y/o en las habilidades sociales.

Modelo cognitivo de los trastornos de conducta

La terapia cognitiva comportamental con el paciente focaliza en:

- Las percepciones y los pensamientos de los niños agresivos, los cuales suelen caracterizarse por la percepción de amenazas y frustraciones.
- Las funciones cognitivas de autocontrol, regulación, evaluación y resolución de problemas.

Las técnicas y los objetivos están dirigidos a los déficits y las distorsiones del procesamiento cognitivo de los eventos y a su regulación sobre las emociones, sobre todo la ira (Kendall, 2000). Ésta, corresponde a la reacción de "ataque" en la activación del mecanismo de arrousal de "ataque-huida" (Lazarus, 1993).

Estudios de tratamiento

Para profundizar sobre los diversos estudios de tratamiento y el datalle de los manuales de tratamiento se remite al lector

- Gomar, M., Mandil, J., y Bunge, E. (2010). Manual de Terapia Cognitiva Comportamental con Niños y Adolescentes. Editorial: Polemos. Buenos Aires. Capítulos 12,13 y 14.

Modelos de intervención

Para el caso de los niños con trastorno oposicionista desafiante el programa desarrollado por Barkley y Benton (2000) con orientación a padres, ha sido uno de los más replicados.

Las principales características de este programa consisten en psico-educar y entrenar a los padres en:

1. Los principios para mejorar el comportamiento

Proporcionar consecuencias inmediatas al buen o mal comportamiento
Proporcionar consecuencias específicas
Proporcionar respuestas consistentes
Aplicar programas con incentivos antes de usar el castigo
Anticipar y hacer un plan para contrarrestar la mala conducta

2. Pasos del programa para mejorar la conducta:

Prestar atención positiva
Refuerzos verbales
Sistema de puntos
Usar formas de disciplina moderadas
Tiempo-fuera con otros problemas de conducta
Manejo de la conducta en público
Trabajo con la escuela
Sesión de refuerzo y prevención de recaídas

Para el trabajo con los niños impulsivos el programa de Kendall y Braswell (1993) incluye los siguientes pasos, dirigidos especialmente a la intervención con el niño.

Resolución de problemas
Entrenamiento en autoinstrucciones
Modelado
Contingencias conductuales
El rol de las emociones, educación sobre los afectos
Juego de roles
Construir un modelo general de afrontamiento
Tareas de entrenamiento

Conductas explosivas

Para el manejo de las conductas explosivas Greene y Ablon (2006) proponen un entrenamiento en un Modelo de negociación en situaciones de conflicto. El mismo aún no ha recibido suficiente apoyo empírico, sin embargo los autores consideran que representa un valioso aporte clínico. No es una intervención conductual sino un marco de comunicación que involucra al paciente y su familia. El mismo apunta a identificar la secuencia y los disparadores de los episodios explosivos, ya que estos son problemas que tienen que ser resueltos, y al hacerlo, permite predecirlos. Pone el énfasis en los antecedentes más que en las consecuencias, porque identificarlos permite tener discusiones proactivas.

Luego describe tres modos de actuar frente a los conflictos:

El primero consiste en imponer las decisiones y/o voluntades, suele ser el camino más sencillo y rápido pero aumenta la probabilidad de los episodios explosivos.

El segundo consiste en ceder frente a las demandas de los demás, lo cual evita los conflictos pero impide a los padres o los niños el aprendizaje de las conductas deseadas.

Estas dos opciones no suelen satisfacer a ambas partes, sólo a una. Es por eso que se propone una tercera opción que consiste en intentar arribar a soluciones mutuamente satisfactorias para las partes, lo cual apunta a reducir la frecuencia, intensidad y duración de los episodios, lograr las expectativas de los padres y enseñar las habilidades que carece el paciente.

Para ello propone los siguientes pasos:

Empatía	Permite sentirse comprendido y mantener la calma. Comenzar con "me doy cuenta de que..." o "Me parece que...". Preguntar para poder definir cuál es el problema, cuál es la visión del chico y luego poder resolverlo. No suponer qué es lo que pasa, sino preguntar.
Problema	Se incluyen las visiones de los padres y los niños. Las dos visiones tienen que ser clarificadas para que se puedan reconciliar. No presentar su posición como una solución por ejemplo: "quiero que hagas esto" en lugar de "me preocupa que pase ...".
Alternativas	No consiste en darle una solución, sino en solucionarlo con él. Se pide al niño que aporte soluciones mutuamente satisfactorias. Usar términos como: "tratemos de encontrar una solución a esto", "veamos cómo lo podemos resolver... ". No se puede saber la solución de antemano. Es colaborativo. No unilateral.

Consideraciones finales

Teniendo en cuenta los desarrollos teóricos y prácticos de estos trastornos, que constituyen el porcentaje más amplio de la consulta infanto-juvenil, los autores han intentado poner en gráficos y en imágenes aquellos conceptos trabajados por los referentes en el área, con el fin de poder transmitirlo de una manera más accesible a los pacientes de habla hispana. Debido a que no se cuenta aún con estudios que prueben la validez transcultural de las investigaciones mencionadas, consideramos imprescindible que en adelante se puedan realizar trabajos que permitan el avance del conocimiento en la clínica con niños y adolescentes.

SECCIÓN PRÁCTICA

MODO DE USO DE LA SECCIÓN PRÁCTICA

A continuación se desarrollan diversas herramientas clínicas. Si bien están redactadas en segunda persona, hablándole al paciente, se presta a tres modalidades de uso:

1. Pueden ser leídas por el terapeuta para ampliar su conocimiento, tomarlas como referencia y utilizarlas adaptadas a la narrativa particular de sus pacientes.

2. El terapeuta puede interactuar, leyendo o completando en conjunto lo que considere relevante con el paciente durante la sesión.

3. Algunas fichas pueden ser utilizadas por el paciente y/o los padres entre sesiones a modo de tarea destinada a favorecer la generalización de las herramientas.

Quisiéramos destacar que más que considerar a estas herramientas como modelos acabados o formas únicas de trabajar los problemas, aspiramos a que las mismas constituyan lineamientos generales y fuentes de inspiración para que cada terapeuta genere sus propios recursos adaptados a su estilo y necesidades del caso en particular.

CAPITULO 4

ENTENDER[1] nuestros problemas

[1] N. de A: esta sección contribuye a la realización de la conceptualización del caso, psicoeducación y socialización del modelo cognitivo.

Objetivos[2]

1. Que puedas ENTENDER por qué muchas veces te sentís triste, enojado o con miedo.
2. Que puedas encontrar una manera de SOLUCIONAR esos conflictos, aprender a pensar de otra manera y sentirte cada vez mejor.
3. Y un tercer objetivo es que aprendas a MANTENER las soluciones que hayas logrado.

En resumen:

ENTENDER y SOLUCIONAR

mis problemas.

MANTENER las soluciones

Definir el problema

¿Qué sucede en esta historieta?

....

Las moscas quieren llegar al queso pero chocan una y otra vez contra el vidrio, y es posible que les duelan esos golpes. Pero no encuentran la solución al problema.

[2] N. de A.: se recomienda transmitir y trabajar oralmente las técnicas presentadas de aquí en adelante.

¿Cuál sería la solución al problema de las moscas?

....

....

Hay chicos que una y otra vez chocan contra sus padres y están muy enojados con ellos, otros que viven con muchos miedos y otros que sienten que todo les molesta.

Si te pasa alguna de estas cosas, para poder ayudarte sería muy bueno saber:

¿Qué cosas te molestan y quisieras cambiar?

Responde la pregunta del milagro.

Pregunta del milagro[1]

Imaginate que una noche, mientras estas durmiendo, ocurre un milagro y tus problemas desaparecen. Al despertarte a la mañana siguiente ¿qué te gustaría que haya cambiado? ¿Qué diferencias habría? ¿Cómo te darías cuenta?

¿Querés anotarlo?

....

....

....

....

....

[1] De Shazer, S. (1988). Claves en psicoterapia breve. Una teoría de la solución. Barcelona: Gedisa

Primera parte: ENTENDER

¿Por qué tengo problemas?

En primer lugar: "todos tenemos problemas".
En nuestros problemas intervienen distintos factores[1]:

- Lo que nos rodea (familia, escuela, amigos)
- Los pensamientos
- Las emociones
- Las conductas
- Las sensaciones físicas

Veamos en qué consiste cada uno de factores:

1) **Lo que nos rodea:** lo que pasa en nuestra familia, entre nuestros padres, con nuestros hermanos, en la escuela, lo que nos pasa con nuestros amigos, al país; "todas esas cosas pueden influir en cómo nos sentimos". Por ejemplo:

- Escuchar discutir a nuestros padres
- Que tu hermano te moleste
- Que un profesor te rete
- Que tus amigos no te inviten o te burlen

¿Qué cosas te pasaron o te pasan que puedan hacer que te sientas mal?

....
....
....
....

2) **Los pensamientos:** las cosas que se nos pasan por la cabeza son sumamente importantes.

Los pensamientos pueden ser frases cortitas como:

- "soy un torpe"

[1]Adaptado de Greenberger, D. & Padesky, C. (1995). Mind over Mood. Change how you feel by changing the way you think. New York: The Guilford Press.

- "...y si me dejan solo?" o
- "lo hacen para molestarme"

O pueden ser imágenes como:

- imaginarme mi boletín con muchos aplazos,
- imaginarme que estoy perdido solo en una plaza,
- imaginarme a mis papás gritándome.

Cuando tenés problemas ¿cuáles suelen ser tus pensamientos más frecuentes?

¿Qué cosas te solés imaginar?

3) **Las emociones:** son lo que sentimos. Son muchas, te mostramos algunas.

- Miedo
- Bronca
- Tristeza
- Vergüenza
- Aburrimiento
- Nervios
- Inseguridad
- Desesperación
- Angustia
- Alegría
- Euforia
- Felicidad
- Diversión
- Esperanza
- Orgullo
- Satisfacción
- Convencimiento
- Seguridad

¿Qué emociones son las que más seguido tenés?

4) **Conductas:** las cosas que hacés y dejás de hacer, lo que decís a los demás, es la forma en que solés reaccionar cuando tenés un problema. Veamos algunos ejemplos:

- Quedarme tirado en la cama.
- Gritar a mis familiares.
- Escaparme de situaciones problemáticas.
- No ir a fiestas.

¿Qué cosas hacés vos cuando tenés un problema?

....

....

....

....

5) **Cuerpo, reacciones físicas:** nuestro cuerpo suele cambiar cuando estamos frente a un problema. Sentimos en el cuerpo sensaciones físicas que en otros momentos no tenemos, como:

- Palpitaciones.
- Falta de energía.
- Sudor.
- Temblor.
- Músculos tensos.

¿Qué cosas sentís en tu cuerpo cuando tenés un problema?

....

....

....

....

6) **Familia:** todas las personas que viven con su familia pueden ser influidos por lo que dicen y hacen los demás.

- Si constantemente escuchamos a nuestra madre preocuparse por todo, es probable que nosotros también empecemos a preocuparnos.
- Si alguno de mis seres queridos siempre ve todo negativo puede que nosotros también lo hagamos.
- Si a mi alrededor hay alguien que se enoja todo el tiempo y reacciona excesivamente, es probable que nos acostumbremos a reaccionar así.

En el siguiente cuadro podés completar cuál de tus familiares podría influir en tu problema y cómo.

Familiar	¿Influyen en tu problema? ¿Cómo?
Madre	
Padre	
Hermano	
Hermana	
Amigos	

Importante:

Todas estas cosas se relacionan entre sí.

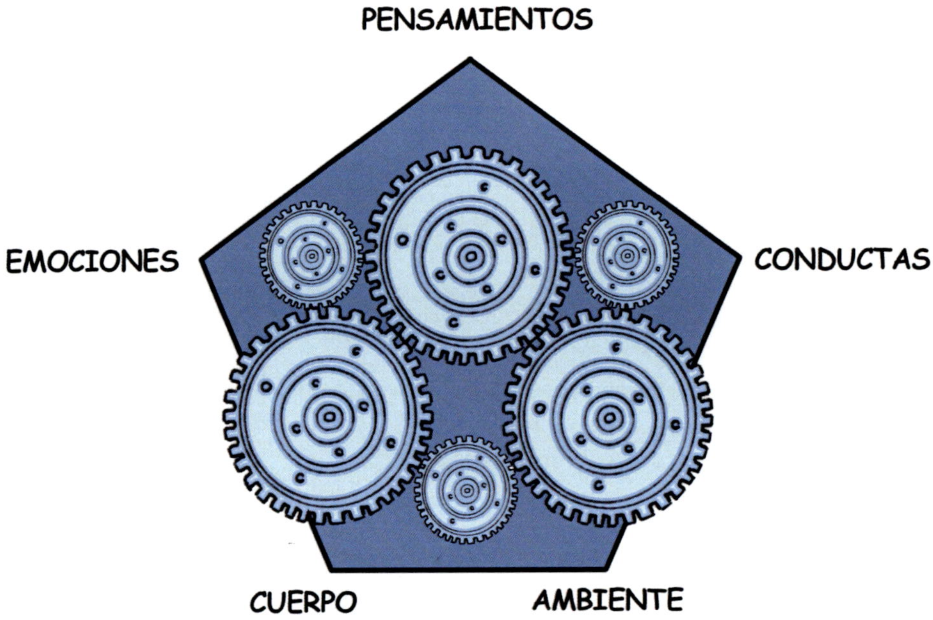

Si cambiás una de estas pueden modificarse las otras.

Lo más fácil es modificar el pensamiento

Simplificado puede ser así:

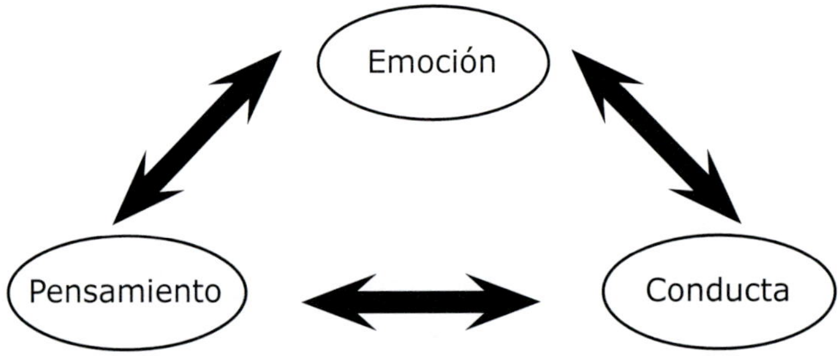

Repaso:

	¿Qué emoción sienten?	¿Qué pueden estar pensando?

Relación entre pensamiento, emoción, conducta

Para ver cómo se relacionan veamos el siguiente ejemplo[1]:

A

Evento activante
Rompe el velador

→

B

Pensamiento
Mi mamá me va a pulverizar

Emoción
Miedo
Reacción fisiológica:
Temblor

→

C

Conducta
Culpa al osito

Importante:

Si modificás lo que pensás todas las otras cosas también pueden cambiar

[1] N. de A.: para una mayor comprensión del método A-B-C, ver: Ellis, A. & Grieger, R. (1977). Handbook of rational-emotive therapy. New York: Springer

Resumiendo[1]:

- Muchas de las cosas que nos pasan dependen de lo que pensamos ante cada situación: tanto lo que sentimos o cómo actuamos en momentos difíciles, está causado, en gran parte, por lo que nos decimos a nosotros mismos o imaginamos.
- Estas "ideas" y "películas" interiores nos hacen ver e interpretar las cosas de diferentes maneras: algunas nos hacen sentir bien y enfrentar las situaciones. Otras nos hacen sentir mal y nos dan ganas de escapar, rendirnos o enfurecernos.
- Cuando nos enojamos, asustamos o desanimamos muy seguido suele ser porque interpretamos muchas situaciones del mismo modo.
- Esta manera repetitiva, estable y difícil de cambiar (a veces lo intentamos, pero puede ser complicado) la aprendimos desde que éramos chicos.

Conclusión: lo que pensamos sobre nuestros problemas influye en lo que sentimos y lo que hacemos

[1]N. de A.: ver, Burns, D. (1980). Feeling Good, The New Mood therapy. New York: William Morrow and company, Inc.

¿Podés completar el siguiente ejemplo?

1 ¿Qué es lo que le pasa a Enriqueta?

....

2 ¿Cuál es su pensamiento?

....

3 ¿Qué emoción sintió?

....

4 ¿Cuál fue su conducta?

....

5 ¿Qué sensaciones físicas tuvo?

....

Otros ejemplos para completar:

Situación	Pensamiento	Emoción	Conducta	Respuesta Fisiológica
Mi hermano no me quiere prestar la computadora	SIEMPRE ME HACE LO MISMO, LO ODIO	BRONCA 		Músculos tensos, calor
Reprobé matemática	SOY UN DESASTRE ...		Me quedo solo en el recreo	Fatiga, falta de energía
Escucho un ruido desconocido por la noche	¿SERÁ UN LADRÓN? ...	MIEDO, TERROR 	Me tapo con las sábanas	
Mis padres me retaron		IRA, FURIA 	Le pego a una puerta	Palpitaciones, respiro más rápido
Mis amigos fueron al cine y no me invitaron		TRISTE 	Me quedo en un sillón sin hacer nada	Pesadez, cansancio
Estoy en una fiesta donde todos bailan		NERVIOS, VERGUENZA 	Me oculto en un rincón	Paralizado, tenso

A continuación tenés un cuadro para que lo completes con una situación que hayas vivido vos mismo.

Situación	**Pensamiento**	**Emoción**	**Conducta**	**Respuesta Fisiológica**

Interpretación

Una misma situación la podés interpretar de distintas maneras y eso influye en como te sentís[1].

Estos bichitos piensan que se nubló ¿vos en cambio qué explicación encontrás a lo que les pasa?

....

....

La interpretación que hacés de una situación depende de tu punto de vista. Y tu punto de vista depende de lo que pensás (las ideas y películas que pasan por tu cabeza) en esa situación.

[1] Beck, A. Rush, J. Shaw, B. & Emery, G. (1983). Terapia cognitiva de la depresión. Bilbao: Desclee de Bouwer, S.A. Bilbao

Veamos este ejemplo:

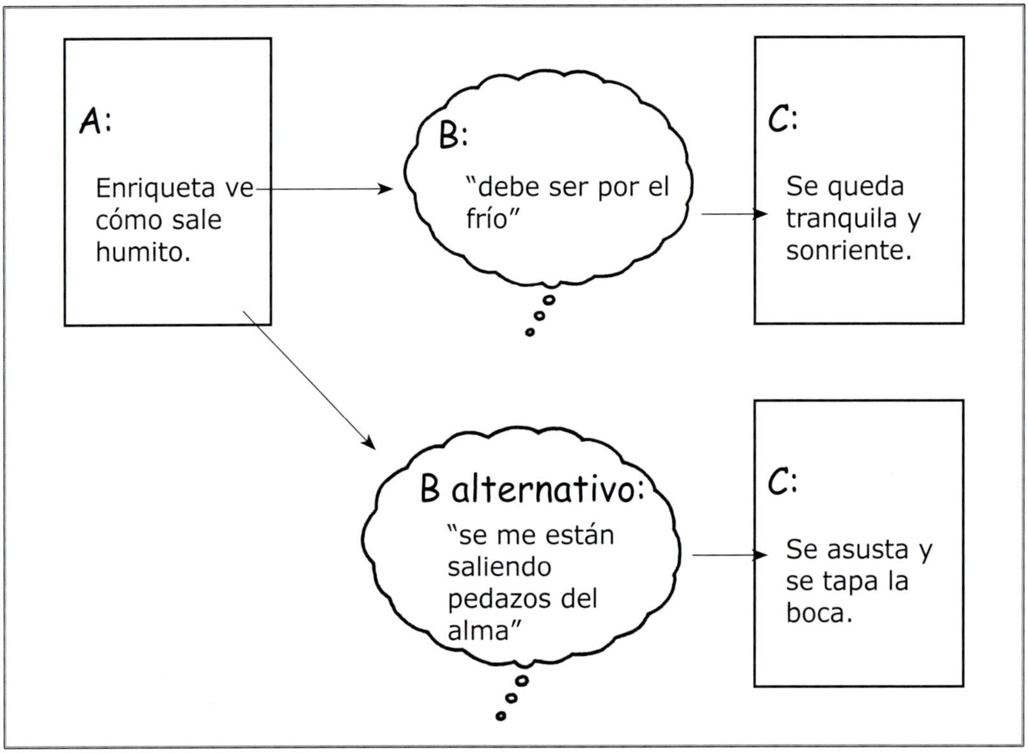

A continuación tenés un ejemplo completado por un chico de 11 años que cuando llega a su casa, al ver que su madre no está, se imagina algunas cosas:

Obviamente, pensar que secuestraron a su madre lo va a dejar muy preocupado, pero también puede pasar que ella esté con sus amigas y tener en cuenta eso lo deja más tranquilo.

A continuación tenés un ejemplo de cómo ante una misma situación se pueden pensar cosas distintas. Completá: ¿cómo te sentirías y qué harías en cada caso?

Situación	**Pensamiento**	**Emoción**	**Conducta**	**Respuesta Fisiológica**
La profesora dice que mi trabajo no está bien	"Soy un fracaso"			Fatiga, falta de energía
	"Ella me odia"			Músculos tensos, calor
	"Mis padres me van a retar"			Dolor de panza, inquieto.

Acá hay otro ejemplo de cómo ante una misma situación se puede sentir cosas distintas. Completá ¿qué pensarías en cada caso?

Situación	**Pensamiento**	**Emoción**	**Conducta**	**Respuesta Fisiológica**
Mi padre me dice que hoy no puedo jugar con la pelota			No hablo con nadie y me encierro en la pieza	Fatiga, falta de energía
			Pataleo, grito, insulto	Músculos tensos, calor
			Insito repetidas veces	Dolor de panza, inquieto.

Preguntas para un 10 felicitado

1) Los tres objetivos de este cuadernillo son: .... y .... nuestros problemas, y .... las soluciones.

2) En un problema pueden intervenir 5 factores:

Pen...........

E..............

C..............

Cuerpo y

Ambi........

3) Los pensamientos son ....

4) Las emociones son...

5) Las conductas son..

6) Si cambio mis pensamientos entonces mis emociones ....

....

7) Una misma situación se puede interpretar de............................

....

8) Lo que siento va a depender de cómo .... las situaciones.

Esquema-Creencias[1]

Algunas formas de pensar y su efecto en lo que sentimos

Cuando nos acostumbramos a pensar las cosas de una misma manera, interpretamos todo desde esa óptica, aún cuando no tenemos pruebas de que sea cierto. Muchas veces, estas formas de pensar nos hacen sentir mal. Esto puede ser porque frecuentemente nos equivocamos en la forma de pensar. A continuación te mostramos algunos ejemplos.

La mujer y el chico tienen una idea muy fuerte y no importa si es así o no. Esa idea, no la quieren cambiar por nada.

Un esquema es una forma estable de ver las cosas que nos produce siempre el mismo efecto en lo que pensamos, sentimos y hacemos. Suele estar determinado por lo que creemos acerca del mundo, la gente que nos rodea y nosotros mismos.

[1]Ver: Beck, J. (1995). Terapia Cognitiva. Conceptos Básicos y Profundización. New York: The Guilford Press.

Algunos ejemplos de lo que podés pensar de vos mismo son:

Divertido	Amargado	Alterado
Cariñoso	Asustado	Confuso
Muy inseguro	Tonto	Inteligente
Exagerado	Lindo	Feo
Inseguro	Nervioso	Miedoso
Malhumorado	Peleador	Valiente
Alegre	Perfeccionista	Vago
Deportista	Buen amigo	Inútil
Perdedor	Ganador	Distraído
Inquieto	Molesto	Chistoso
Gritón	Antipático	Tímido
Seguro	Piola	Obsesivo
Desobediente	Exigente	Desconfiado
Solitario	Sedentario	Presumido

"YO SOY:

1. ....

2. ....

3. ....

4. ....

5. ....

CREENCIAS o ANTEOJOS

Estas IDEAS o CREENCIAS tan firmes que tenemos de nosotros mismos o de los demás son como los ANTEOJOS[1] con los cuales vemos nuestra vida.

- Unos la ven con anteojos oscuros y todo se vuelve más negativo.

- Otros la ven con antejos claros y pueden ver mejor las cosas.

La idea es aprender a ver las cosas CLARAMENTE*.

* Por "claramente" se entiende poder ver todas las alternativas posibles frente a una situación determinada y no sólo las negativas o catastróficas. Así como tampoco se trata de ver solamente lo positivo.

[1] N. de A.: Ver Nichols, P. (1999). Clear Thinking Talking Back to Whispering Shadows. Iowa: River Lights Publisher.

OTROS NOMBRES DE LAS CREENCIAS

Algunos chicos prefieren decir que estas ideas son como un casete que tenemos en la cabeza que siempre nos dice lo mismo, un CD, un chip, que hace que muchas cosas se vean de la misma manera, o una trampa[1] que no nos deja hacer lo que queremos.

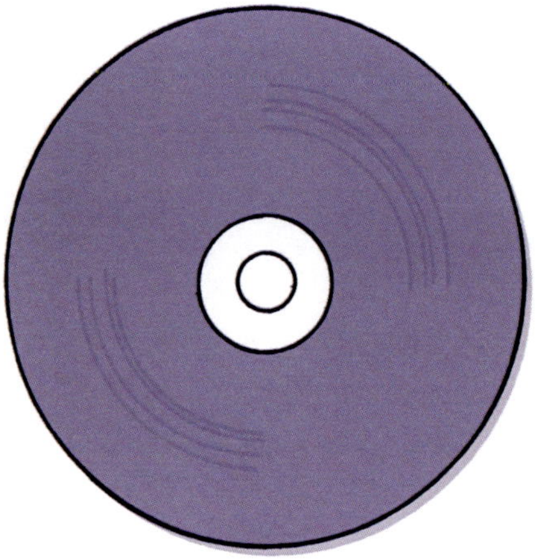

Cambiar los anteojos,
el casete o el CD
con el que vemos las cosas
puede servirnos
para pensar mejor

[1]N. de A.: Ver Young, J. & Klosko, J. (1994). Reinventa tu vida. Barcelona: Ediciones Paidós Ibérica.

ALGUNOS EFECTOS DE LAS CREENCIAS

Veamos distintos tipos de CREENCIAS o ANTEOJOS que suelen generar problemas. Fijate con cuál te identificas.

Anteojos Catastróficos:

Todo es peligroso
No me puedo defender
No puedo resolver los problemas
Me puede pasar algo
Me van a criticar
Tengo que tener mucho cuidado
Soy débil, frágil

"Riesgo"

Anteojos Oscuros

Soy un inútil
Nadie me quiere
Todo me sale mal
No sirvo para nada
Fue culpa mía
Los chicos no me tienen en cuenta

"Desvalorización"

Anteojos Espejados

La culpa es de ellos
Me odian
Están todos contra mí
Me lo hace a propósito
Me tienen harto
Son todos unos idiotas

El que más se parece a mi forma de ver las cosas es: ....

¿Por que?: ....

....

....

....

CREENCIAS Y PENSAMIENTOS

Los anteojos determinan el tipo de pensamientos o imágenes que tienen las personas. Por ejemplo:

Alguien con anteojos:	**Puede pensar:**
Catastróficos 	• ¿Y si salgo a la calle y me roban? • ¿Y si el perro me muerde? • ¿Y si tiene gérmenes que me pueden contagiar una enfermedad?
Oscuros, negativos 	• A mi no me quiere nadie. • Soy un inútil. • Este año repito.
Espejados 	• Están todos contra mí. • Mis viejos sólo me quieren molestar. • Me tiene que dejar hacer lo que yo quiero.

PARA TERMINAR DE APRENDER

¿Qué pensamientos corresponden a cada anteojo?

Marcá con una cruz según corresponda:

Pensamiento			
Si me ven bailar se van a reír de mi			
No sirvo para nada			
Si paso las materias es de pura casualidad			
Es injusto que me digan lo que tengo que hacer			
Soy un desastre			
¿Será un ladrón ese ruidito que escuché?			
Me puede pasar algo si mis padres no están			
¡¡¡Mis hermanos me tienen hartoooooo!!!!!			

En síntesis

Anteojos catastróficos

Si te quedás con estos anteojos, es posible que vivas muy nervioso o con muchos temores.

Anteojos oscuros

Si te quedás con estos anteojos, es posible que vivas de mal humor, triste, sin muchas ganas de hacer cosas y sin disfrutar todo lo que podrías de las cosas que te pasan.

Anteojos espejados

Si te quedás con estos anteojos, es posible que vivas enojado, con bronca y peleándote con muchas personas.

Si cambiás estos anteojos por unos más claros seguramente vas a...

...vivir más tranquilo y relajado.

...vivir más contento y alegre.

...vivir con menos peleas, llevándote mejor con los que te rodean como tus amigos, además de estar mejor en tu casa y en la escuela.

Preguntas para un 10 felicitado

1) Si muchas veces sentimos la misma emoción (miedo, tristeza, etc.), es porque .... siempre de la misma manera.

2) Las CREENCIAS o IDEAS que tenemos de nosotros mismos o de los demás son como los: .... con los cuales vemos nuestra vida.

3) Cuando vemos las cosas con anteojos oscuros nos solemos sentir ....

4) Cuando vemos las cosas con anteojos rojos o catastróficos nos solemos sentir ....

5) Cuando vemos las cosas con anteojos espejados nos solemos sentir ....

CAPITULO 5

ERRORES DE PENSAMIENTO

Distorsiones-Errores de pensamiento[1,2]

Te contamos que nuestras creencias estables acerca del mundo, sobre lo que nos rodea y sobre nosotros mismos, nos hacen ver e interpretar las cosas de determinada manera. Vimos que son como anteojos que le dan color y forma a las situaciones que vivimos, afectando la manera en que sentimos y actuamos.

¿Por qué cuesta modificar esas formas de pensar que nos hacen sufrir?

Muchas veces, cuando pensamos las cosas que nos pasan, cometemos errores que hacen que nuestras ideas más profundas se mantengan y no las podamos cambiar. Esto se debe a:

Los errores del pensamiento

¿Cuáles son?

- Filtro mental
- Conclusiones apresuradas
- Pensamiento catastrófico
- Pensamiento mágico
- Pensamiento todo o nada
- Lectura de mente
- Generalización excesiva
- Descalificación de lo positivo
- Magnificación o minimización
- Pensamientos "debería" o "tiranos"
- Etiquetación
- Pensamientos perfeccionistas.
- Personalización

Veamos en qué consiste cada uno de ellos......

[1] N. De A.: el trabajo con las distorsiones cognitivas se recomienda con pacientes de un nivel de pensamiento formal debido a que se requiere un alto grado de abstracción para la comprensión de las mismas. Adaptado de Teoría y Terapia Cognitiva de W. Sacco y A. Beck. En Beckham y Leber (1995) Handbook of Depression. Second Edition. New York: Guilford Press.

[2] Burns, D. (1980), Feeling Good, The New Mood therapy. New York: William Morrow and Company, Inc.

1. Filtro mental

¿Qué le dijo la profesora a Flor?..

¿Flor cómo lo interpretó?..

¿Qué está dejando de ver?...

Cuando nos pasan muchas cosas y nos fijamos sólo en los aspectos negativos estamos haciendo un "Filtro Mental" y eso nos puede hacer sentir mal. ¿Podés completar la secuencia?[1]

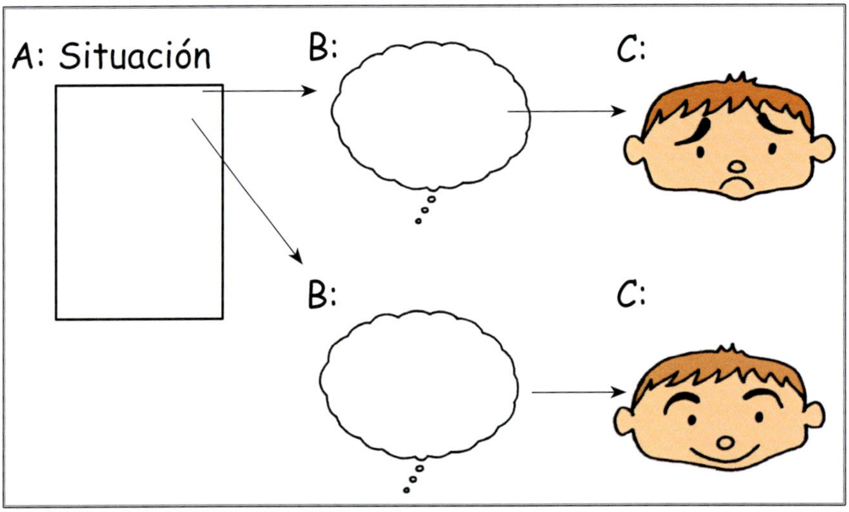

[1]N. de A: Clarke, Lewinsohn y Hops (1990) en su manual: Adolescent Coping With Depression Course desarrollan esta modalidad de trabajo de una manera sumamente didáctica para los adolescentes.

Otro ejemplo de filtro mental:

¿Qué pensó el sapo?...

Respuesta:

Si la ropa verde esta "out" (fuera de moda), entonces yo también.

En el mundo vivimos un montón de situaciones; constantemente nos ocurren cosas. Una dificultad muy común es tomar una parte de eso que nos pasa, sacarla de contexto y así confirmar (equivocadamente) nuestras peores suposiciones; esto se llama: **Filtro Mental**. El sapito de la historieta, por ejemplo, toma una información referida a la moda...y la aplica a sí mismo!

¿Qué podrías decirle al sapo para que no se sienta tan triste?

....

....

....

....

2. Error del adivino

En esta historieta, la chica sufre un error muy común: Conclusiones Apresuradas. Esto ocurre cuando sacamos conclusiones sobre algo que todavía no pasó y no podemos saber cómo va a ser.

¿Por qué sería una conclusión apresurada?

....

....

....

....

¿Se te ocurre alguna alternativa más saludable para pensar la situación?

¿Te animás a llenar el globito?

3. Pensamiento catastrófico

Este padre nos ofrece un ejemplo del **pensamiento catastrófico**. Al exagerar las consecuencias del peligro, se desespera, se pone terriblemente ansioso.

El pensamiento catastrófico consiste en:

Agrandar los PELIGROS

Achicar nuestros RECURSOS

¿Se te ocurre alguna alternativa más saludable para pensar la situación? ¿Te animás a llenar el globito?

Obvio que al papá le gustaría que su hijo juegue a otras cosas, pero, probablemente haya una manera más racional de pensar el problema.

4. Lectura de mente

Lectura de mente

Nadie tiene el poder para saber lo que están pensando los demás. Muchas veces nos ponemos tristes o nos enojamos porque creemos que sabemos lo que piensa el otro.

¿Solés estar pendiente de lo que piensan los demás?

....

¿Qué cosas te imaginás que piensan de vos?

....

¿Podés saber si eso que te imaginás es realmente así?

....

¿Se te ocurre alguna alternativa más saludable para pensar la situación?

¿Te animás a llenar el globito?

Otro ejemplo de ***"Lectura de Mente"****:*

Este es un caso interesante para pensar la relación pensamiento-emoción-conducta que antes te habíamos explicado. La señorita Rivarola realiza una **lectura de la mente** del señor Siviski. ¿Cómo sabe ella cuáles son sus verdaderas intenciones? Además, si suele adivinar "malas intenciones" en estos casos se va a **enojar** mucho y va a **evitar** salir con chicos.

Por favor, ayudá a la señorita Rivarola escribiendo un **pensamiento alternativo** en el globito, que le permita ver de otra forma la situación.

¡Sus papás, amigos y pretendientes van a estar muy agradecidos!

¿Podés completar la secuencia?

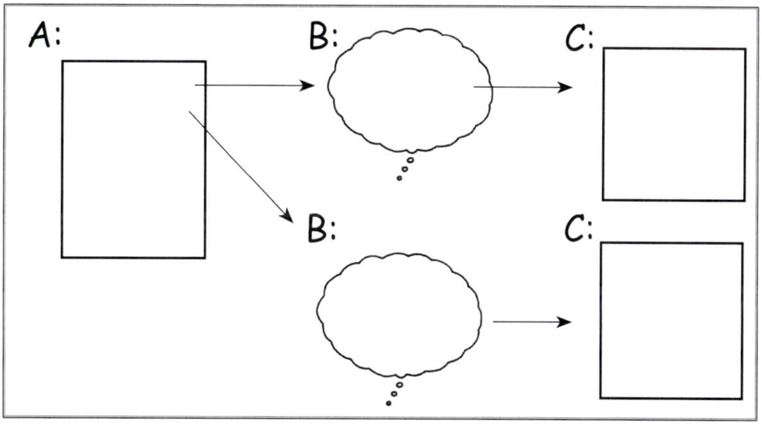

5. Pensamiento mágico

Algunas veces nos asustamos de nuestros propios pensamientos, porque creemos que, con sólo imaginar algo, eso puede pasar.

¿Te parece que porque se imagine que las rayas le traerán mala suerte, le irá mal en el examen?

¿Se te ocurre alguna alternativa más saludable para pensar la situación?

¿Te animás a llenar el globito?

¿Podés completar la secuencia?

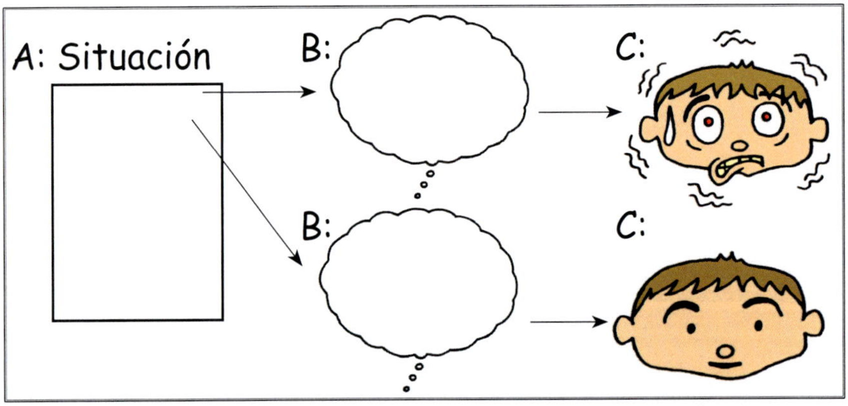

6. Pensamiento todo o nada

Este señor tuvo un muy buen día pero al ver un perejil en sus dientes siente "Horror". Cuando pensamos que una cosa puede empañar todo un día eso se llama: Pensamiento Todo o Nada. Cuando se piensa que esta TODO BIEN o TODO MAL. Cuando se pasa de un extremo al otro.

¿Cuál sería una forma menos extremista de pensar ante esta situación?

....

....

....

....

Acá tenés otro ejemplo de pensamiento "todo o nada".

¿Por qué decimos que es "todo o nada"?

....

....

7. Descalificación de lo positivo

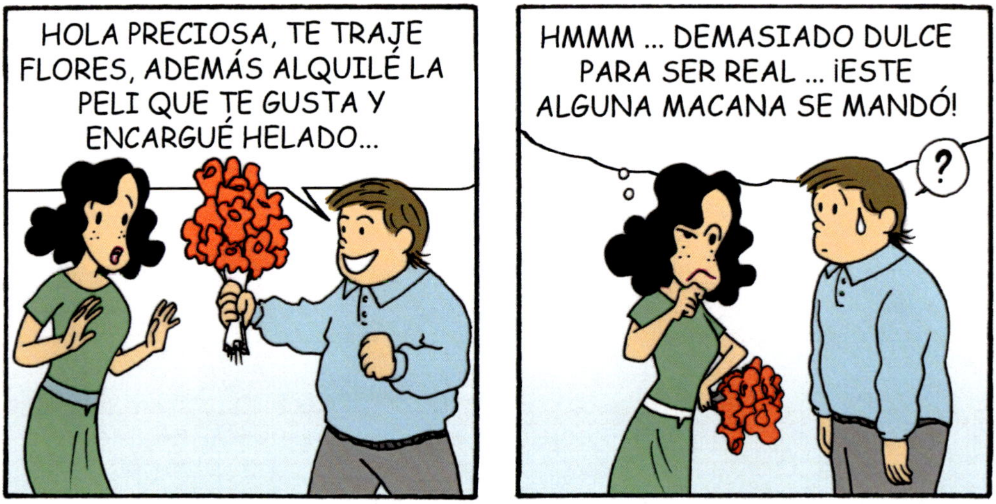

¡Pobre chico! Le trae flores a la novia, alquila la película que le gusta, pide helado...pero ella mucho no confía. Piensa que es para quedar bien porque hizo alguna macana, y entonces no le dá valor, es decir: descalifica lo positivo.

¿Qué podría pensar la chica en lugar de que es sólo para tapar algún lío?

....

....

¿Podés completar la secuencia?

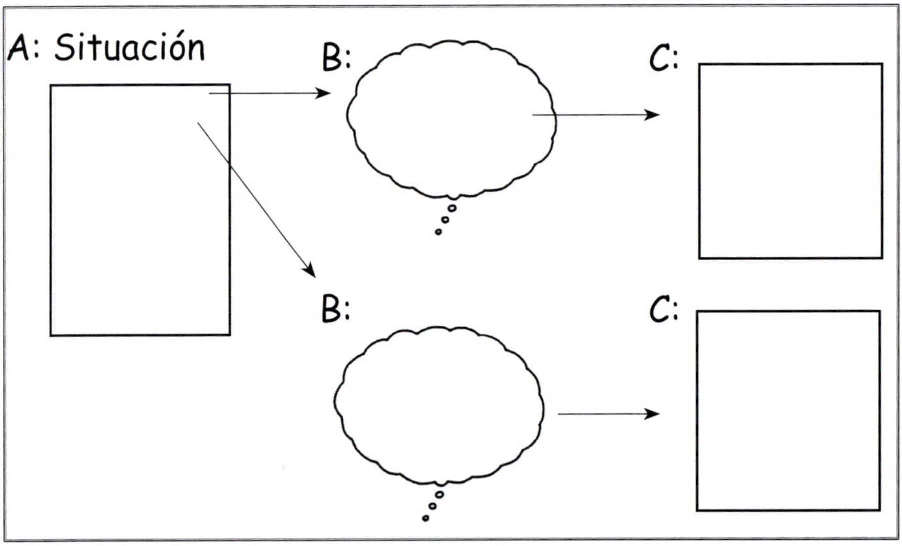

8. Etiquetación

Cuando vos te juzgás en tu totalidad por una cosa en particular, te estás "etiquetando". ¿Te parece que por una noche en la que no te levantás una chica podés decir que sos un perdedor?

Este chico hace mucho que está en el boliche y no logra que una chica se fije en él, entonces se pone una etiqueta en la cual se juzga en su totalidad como un "perdedor" por una noche en particular en la que las cosas no le salen como él querría. Eso se llama: Etiquetación.

¿Qué podría pensar en lugar de que es un "perdedor"?

....

¿Podés completar la secuencia?

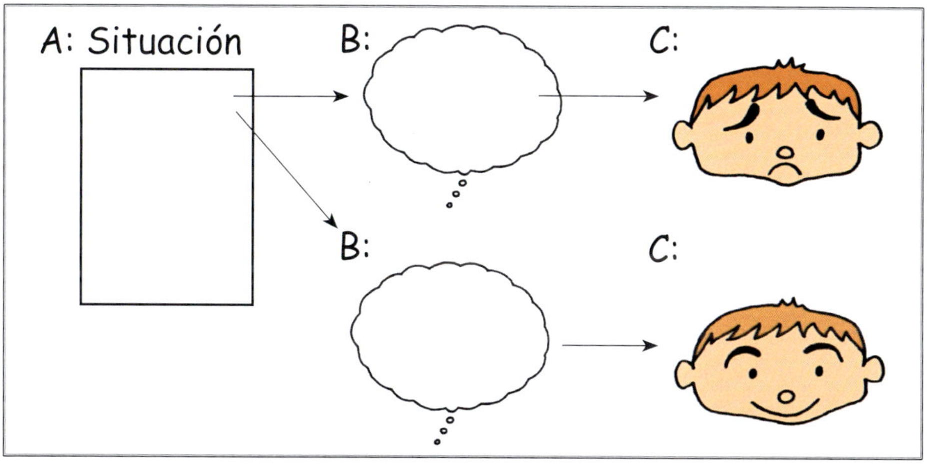

Otro ejemplo de Etiquetación:

¿Cómo etiqueta el chico del walk-man a su compañero?

....

¿Vos también pensarías que es un tarado?

....

¿Qué no escuche los Stones, significa que es un “Tarado”?

....

¿Podés completar la secuencia?

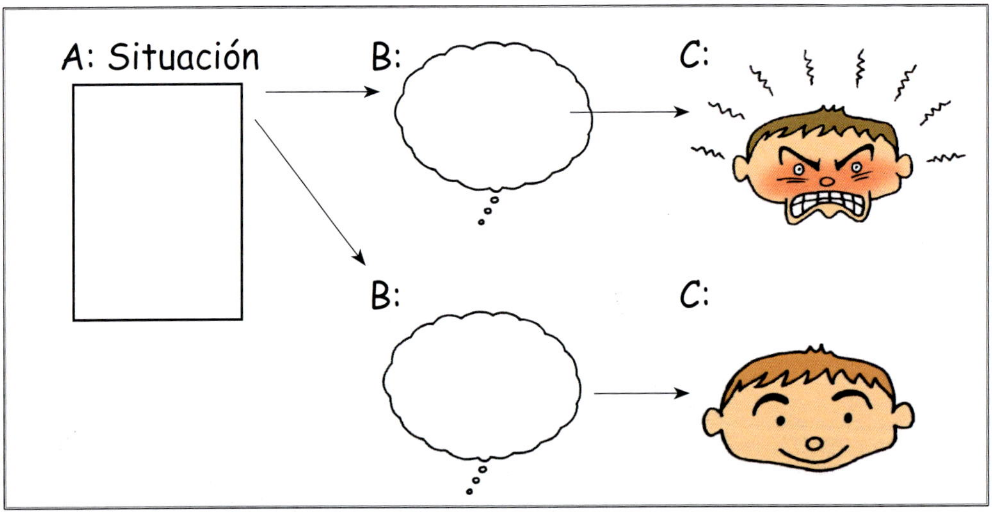

9. Pensamientos "tiranos" o "debería"

Los pensamientos tiranos transforman en exigencia cosas que nos GUSTARÍA que fueran así, pero no necesariamente TIENEN que ser así.

¿Al Gordo qué le hubiese gustado que haga Luciano?

....

....

¿Te parece bién que quiera que Luciano le convide un chicle?

....

....

A todos nos gusta que nos conviden. Pero ¿pensás que Luciano está OBLIGADO o TIENE que convidarle sí o sí?

....

....

¿Qué podrías decirle al gordo para que reaccione mejor la próxima vez?

....

....

....

....

Otro ejemplo de pensamientos Tiranos o Debería:

Somos seres humanos y deberíamos aprender de nuestros errores. No siempre tenemos ganas o podemos actuar como los otros esperan! Estas voces interiores "rígidas" se reconocen fácilmente porque contienen algunos "Debo" o "Tengo que" en lo que dicen.

¿Se te ocurre alguna manera alternativa para que Marina piense en esta situación? Completá el globo de pensamiento

10. Pensamientos perfeccionistas

Diego se sorprende de la auto-exigencia de Juanma. Él tiene unas expectativas enormes y rígidas acerca de cuáles tendrían que ser los resultados de sus esfuerzos. Para Juanma, lo importante, más que jugar, es ganar sí o sí....y por goleada! De esta forma, vive tenso y triste, y cada prueba la vive como una cosa de vida o muerte.

Borrémosle ya el globo, y por favor, intentá poner en el mismo una alternativa que le haga a Juanma la vida más fácil.....te damos una ayudita: el contenido podría tener una expresión de deseo, en vez de una exigencia:

Me hubiese gustado...

¿A ver cómo lo seguís?

....

....

Los pensamientos perfeccionistas hacen referencia a las metas altas que a veces nos ponemos. Muchas veces es bueno tener estas metas, pero se vuelven en nuestra contra cuando pensamos que si no las cumplimos no existimos (como dice el chico de arriba).

¿Podés completar la secuencia?

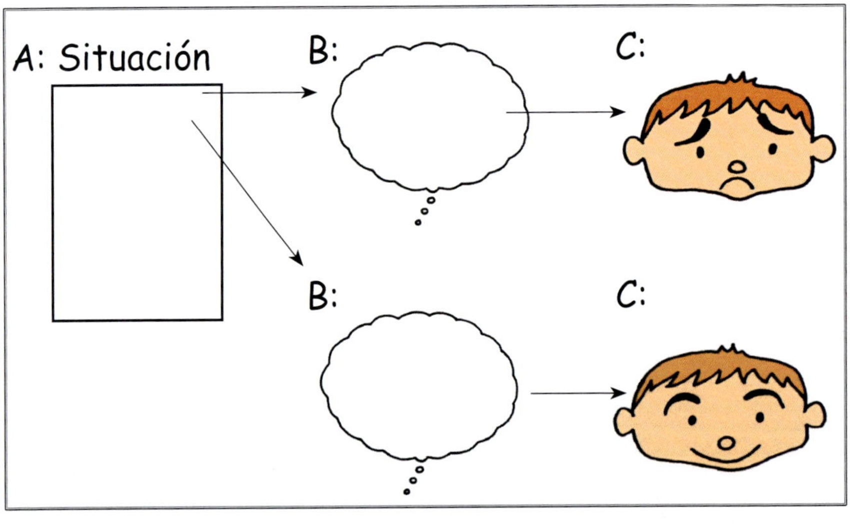

11. Magnificación, minimización:

Las dos caras de la misma moneda. Acá lo vemos a Juanma, sigue depre, dale que te dale con el tema de los exámenes. La tía intenta hacerle ver sus éxitos en otras materias....sin embargo, Juanma minimiza, disminuye sus logros y en cambio magnifica, le da más importancia a sus notas "no tan buenas".

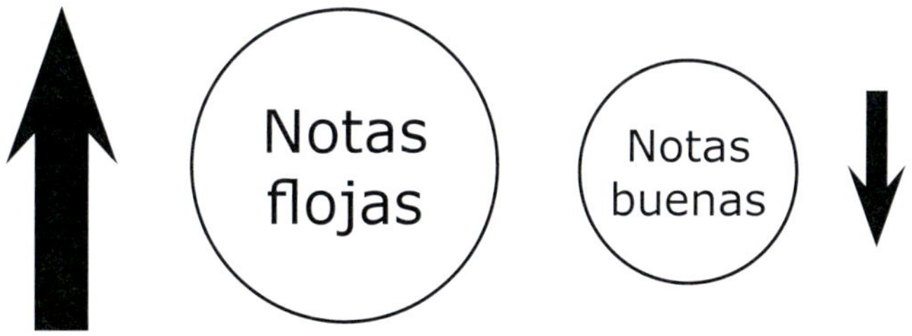

Una visión más equilibrada, que tomase en cuenta los aspectos positivos junto a los negativos de una situación cambiaría favorablemente su estado de ánimo.

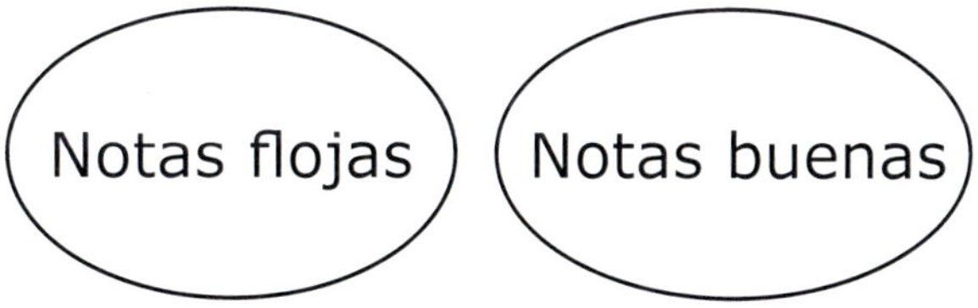

12. Generalización excesiva

Puede ser que algunos chicos de esa escuela no le caigan bien. ¿Eso significa que TODOS le van a caer mal?

....

....

Cuando por una cosa que no te agrada, pensás que lo que va a pasar va a ser así también, eso se llama generalización excesiva.
¿Qué podés decirle a nuestro amigo para que vea las cosas más claramente?

....

....

Otro ejemplo:

¿Te pasó alguna vez esto? Seguro que sí. Nos suele pasar que por una cosa que nos sale mal, suponemos que el resto de las cosas también nos van a salir mal. Esto suele predisponernos mal, y logramos el resultado contrario al que queremos.

¿Podés completar la secuencia?

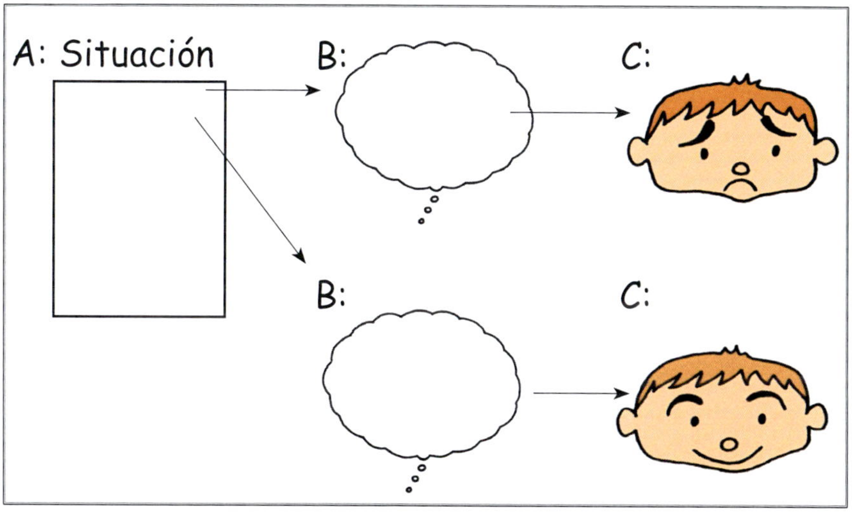

13. Pensamiento emocional

Flor piensa que le va a ir mal PORQUE se siente insegura.

¿Que se sienta insegura significa que le va a ir mal?

....

....

¿Qué le dice la amiga?

....

....

Teniendo en cuenta lo que le dice, ¿te parece que le va a ir mal?

....

....

¿Te pasa a veces de tomar decisiones apresuradas siguiendo tus emociones? Contanos un ejemplo

....

....

14. Personalización

Bermúdez tiene mala cara. ¿Por qué? ¿Qué pensó?

....

¿Si piensa que hay algo mal en él, va a tener muchas ganas de seguir estudiando?

....

¿Se te ocurre alguna otra razón por la cual se sacó un 4?

....

¿Te suele pasar que cuando te va mal en una prueba tenés pensamientos negativos acerca de vos mismo?

....

¿Qué podemos decirle a Bermúdez para que no se sienta tan mal?

....

No todo lo que pasa depende de nosotros

Hoja resumen de distorsiones cognitivas

FILTRO MENTAL: Sacar de contexto lo que nos pasa.
ERROR DEL ADIVINO (Conclusiones apresuradas): Predecir el futuro sin tener pruebas de que vaya a ser así. Pensás que las cosas van a salir mal y te convencés a vos mismo que tu predicción es un hecho verdadero.
PENSAMIENTO CATASTRÓFICO: exagerás las consecuencias de un peligro.
LECTURA DE MENTE: pensás que alguien piensa mal de vos y no te molestás en verificar si es así o no.
PENSAMIENTO MÁGICO: pensás que "si pienso algo entonces puede pasar".
PENSAMIENTO BLANCO Y NEGRO: Ves las cosas sólo de dos formas: como perfectas o terribles, como buenísimas o malísimas. Si lo que hacés no te sale perfecto, te ves a vos mismo como un fracasado.
DESCALIFICACIÓN DE LO POSITIVO: Descalificás cosas positivas insistiendo en que "no cuentan" por una razón u otra y seguís aferrado a una creencia negativa aún cuando hay cosas positivas que la desconfirman.
ETIQUETACIÓN: En vez de contar como algo te salió mal, te ponés una etiqueta negativa a vos mismo "soy un perdedor". Cuando alguien hace algo que te molesta le ponés una etiqueta negativa a él "Es un tarado".
PENSAMIENTOS TIRANOS (DEBERÍA): te torturás a vos mismo y a los demás con lo que debería o tendría que hacerse. En vez de pensar que sería mejor si hacés tal cosa o que sería bueno que el otro haga tal otra.
PENSAMIENTOS PERFECCIONISTAS: ponerse metas muy elevadas como única opción válida (me tengo que sacar siempre 10 sino soy un mediocre).
MAGNIFICACIÓN Y MINIMIZACIÓN: magnificás la importancia de ciertas cosas, como ser tus errores o los logros de otra persona y minimizás tus logros o los errores de los otros. Esto te hace sentir peor que al resto.
GENERALIZACIÓN EXCESIVA: Usás un ejemplo de algo para sacar conclusiones acerca de un montón de otras cosas. Vés una cosa negativa como una cadena de cosas negativas que van a pasar.
PENSAMIENTO EMOCIONAL: Cuando escuchás hablar a tu corazón dejás que tus sentimientos decidan cual es la realidad de la situación. Si sentís que lo que te está pasando es malo, entonces decidís que seguramente sea malo.
PERSONALIZACIÓN: Cuando algo malo pasa pensás que es tu culpa, aún si no tuviste nada que ver, o fué también culpa de otro.

¿Cómo se relaciona todo?

Lo que creemos acerca de nosotros mismos, la gente que nos rodea y nuestro futuro hace qué, ante los problemas, pensemos, sintamos y actuemos de maneras que nos producen repetidamente los mismos resultados negativos.

Y estos resultados que obtenemos en el mundo que nos rodea, a medida que los interpretamos erróneamente, hacen que nuestras creencias-cd´s-anteojos más perjudiciales se mantengan.

¿Cómo acabar con semejante círculo vicioso?

Ahora que entendiste cómo se mantienen y empeoran los problemas, te invitamos a recorrer con nosotros la segunda parte del libro...

CAPITULO 6

SOLUCIONAR nuestros problemas

Externalizar el problema[1]

Este problema que tantas molestias te genera es un enemigo contra el cual quiero que luchemos juntos. Sería muy bueno que le pongas un nombre para identificarlo a partir de ahora

Nombre del problema:
....
....

Mapa del problema

Como puede ser que en algunos casos nos genere dificultades y en otros no, es importante poder hacer un mapa del problema. Mirá el mapa que hizo Cami de 14 años para el problema que tenía con su timidez:

[1]March, J. y Mulle, K. (1998). OCD in Children And Adolescents. A Cognitive-Behavioral Treatment Manual. New York: The Guilford Press.

A continuación queremos que anotes en qué situaciones te sentís fuerte y le ganás al problema y en cuáles el problema te gana a vos.

Siempre gano yo | A veces gano | Gana el problema

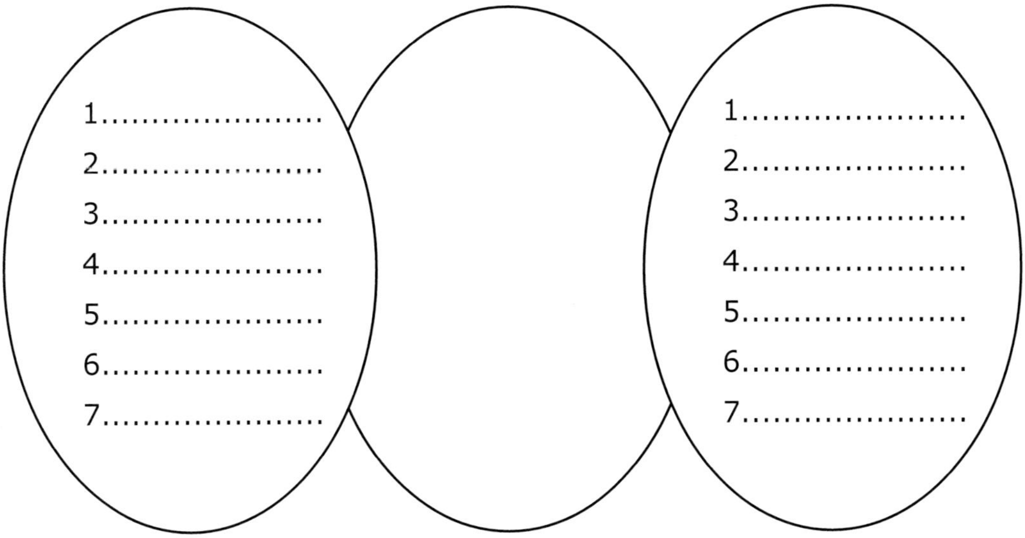

Sería muy bueno empezar a luchar contra el problema para poder ganarle terreno.

Siempre gano yo | A veces gano | Gana el problema

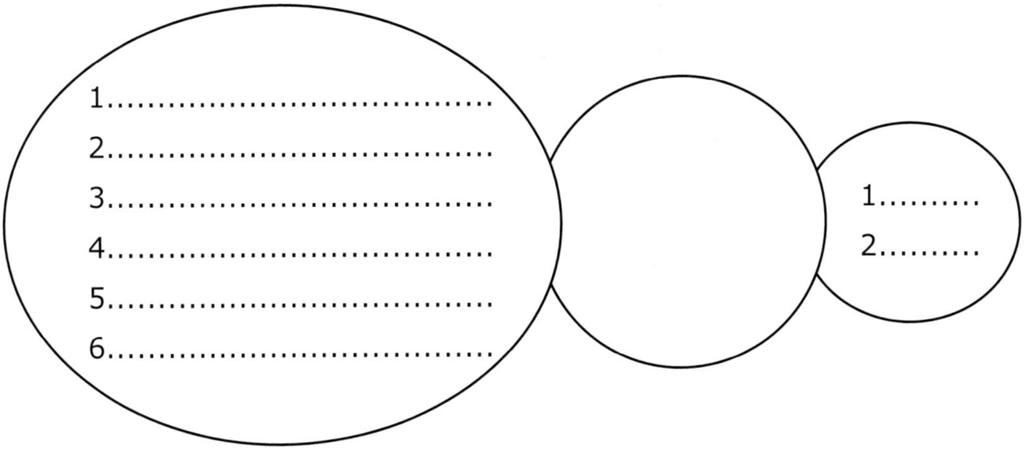

¿Qué cosas hacés que no te dan resultado para ganarle al problema?

EL PROBLEMA **COSAS QUE HAGO:** **YO**

¿Qué cosas hacés que te dan resultado con el problema?

EL PROBLEMA **COSAS QUE HAGO:** **YO**

Vencer la Pasividad

Muchas veces, cuando nos sentimos mal, le echamos la culpa a las situaciones externas y esperamos que la solución venga de afuera, que algo pase para que se solucionen nuestros problemas.

Otras veces dudamos y no tomamos decisiones por temor a equivocarnos:

O no nos animamos a asumir riesgos:

O pensamos que va a costar tanto cambiar que ni lo queremos intentar.

Para tener en cuenta:

En los momentos difíciles podemos esperar
que nos ayuden o tener suerte,
pero la mayor parte de las veces los cambios
van a depender de nosotros.

Manfredi decidió dar el primer paso, ¿y vos?

A continuación te presentamos algunas estrategias para lograr los cambios que estás buscando:

1. Reconocer.
2. Investigar y analizar.
3. Afrontar (para cambiar nuestros pensamientos, emociones y conductas).

1. Reconocer:

Las quejas generalmente no hacen más que agravar las peleas y discusiones. Por eso te proponemos que intentes transformar tus quejas en problemas posibles de ser solucionados. Veamos los siguientes ejemplos.

¡¡Transformar la queja en problema!!

Caso 1: "Anteojos espejados"

Queja: Mi mamá me tiene podrido. Lo único que le importa es que yo haga la tarea. Cada vez que vuelvo del colegio nos peleamos por ese tema. Es insoportable.

Problema: Cuando llego del colegio, mi mamá quiere que yo haga la tarea, pero yo necesito descansar. Eso nos predispone a pelearnos.

Señal: En cuanto ella me pregunta si tengo tarea yo aprieto los dientes y los puños, el corazón se acelera, y sé que en ese momento empiezo a gritar.

Consecuencia:

Para hacer 3 ejercicios estamos peleando 2 horas.
Le digo cosas feas a mi mamá, que en realidad no pienso cuando estoy tranquilo.
Capaz la lastimo.
Algunas veces me castiga, y me saca la "compu" o la "tele".

Caso 2: Anteojos catastróficos

Queja: Odio ir al colegio. Basta de insistirme, porque me quiero quedar en casa.

Problema: Me da mucho miedo ir al colegio. Pienso que me puede agarrar un ataque de pánico, y nadie va a poder ayudarme. Pero mi mamá cree que es muy importante que vaya.

Consecuencia:

Mi mamá me obliga a ir igual.
Muchas veces terminamos peleándonos en la puerta del colegio.
En varias oportunidades mamá llegó tarde al trabajo.

Señal: cuando mi mamá me da el guardapolvo, me viene a la cabeza la imagen de que estoy en el colegio, y me agarra un ataque de pánico, y todos se ríen de mí. Entonces me empiezo a poner nervioso, me pongo a transpirar y me dan ganas de llorar.

Caso 3:

Queja: Mis compañeros me dejan de lado, me cargan. Por eso no los llamo.

Problema: No me siento seguro.

Consecuencias:
Me quedo aislado.
No me siento amigo de ellos.
Me aburro seguido.
Algunos compañeros no me invitan a sus cumpleaños.

1. Los problemas suelen empezar de modo parecido.
2. Puedo reconocer cuando empiezan.
3. Me traen consecuencias negativas.
4. Puedo agrandarlos con mi manera de enfrentarlos.

Nombre:	
Mi queja es:	
Mi problema es:	
Las señales de alarma son:	
Las consecuencias son:	
Cosas que hago que agrandan los problemas:	

Seguramente escuchaste muchas veces la frase: "la gota que rebasó el vaso". Acá te presentamos una técnica para que te des cuenta cuando estás ante una dificultad y no rebalses con ninguna gota.

Terapeuta: Es muy importante que a partir de ahora empieces a darte cuenta cuándo tenés que ponerte a trabajar para estar mejor.

Chico: ¿Cómo hago para saber que tengo que empezar a trabajar?
T.: Lo importante es reconocer las señales de alarma
C.: ¿Y eso qué es? ¿Cuáles son?
T.: Veamos:

Reconocer las sensaciones físicas y las emociones:

- Temblor, cansancio, ganas de llorar, miedo.

Reconocer las consecuencias que puede tener lo que estoy por hacer:

- Que me reten, penitencias.

Reconocer el impacto que genero en los demás:

- Mis padres y mis profesores me están levantando la voz, nos peleamos, tengo muchas malas notas.

Sensaciones que tengo cuando me pongo:

Ansioso	**Triste**	**Enojado**
Palpitaciones	Cansado	Músculos tensos
Transpiro	Aburrido	Cambia la voz
Temblor	Enojado	Grito
Inquieto	Con ganas de llorar	Corazón late más fuerte
Nervios	Sin fuerza	Siento calor
Tenso	Malhumorado	
Paralizado	Molesto	
Curioso	Dolorido	
Pálido		

"Si siento alguna de estas muy fuerte o muy seguido, tengo que empezar a trabajar"

2. Investigar Nuestros Pensamientos[1]

¿Te acordás que te contamos que nuestra manera de pensar las cosas hacen más grandes los problemas? Muchas veces nuestra tristeza y nuestros nervios empeoran si dejamos funcionar demasiado nuestra cabeza sin investigar si lo que pensamos es cierto. ¡Cuánto mejor habría podido dormir esta chica si hubiese investigado la verdadera causa del ruido!

¿Qué hubiese descubierto Enriqueta si investigaba sus pensamientos?

....

¿Cómo se hubiese sentido después de descubrir que era Fellini el que hacía ese ruido?

....

¿Te pasó alguna vez algo parecido?

....

¿Si hubieses investigado tus pensamientos qué hubieras descubierto?

....

[1]Ver: Empirismo Colaborativo en: Teoría y Terapia Cognitiva de W. Sacco y A. Beck. En Beckham y Leber (1995). Handbook of Depression. Second Edition. New York: Guilford Press.

3. Afrontar

¡Evitar aquellas cosas que nos asustan tampoco ayuda! Podemos sentirnos seguros durante un tiempo….pero permanentemente tristes e insatisfechos. Sería mucho más saludable pedir ayuda a tu terapeuta para ver, cómo de a poquito, volvés a enfrentar las cosas.

Acá hay alguien con miedo a que le pase algo malo, mirá:

Al personaje de esta historieta nunca le pasó NADA, ni bueno ni malo. Cuando evitamos cosas por temor, nos quedamos con la idea de que algo malo nos podría haber pasado y encima nos perdemos la oportunidad de que nos pasen cosas buenas e ir ganando confianza con el tiempo.

Siempre es más sano poner a prueba las cosas malas que pensamos de nosotros mismos y de los que nos rodean. Probando, de a poco, qué ocurre realmente en las situaciones que tememos y/o rechazamos.

Por otra parte, a medida que uno hace cosas aprende algo nuevo.

Aunque sea, a los tropezones, no le tengas miedo a los errores ¡Estos son la mejor oportunidad de aprendizaje!

A continuación veremos juntos formas divertidas de solucionar los problemas más comunes de los chicos: miedos, tristezas y enojos.

CAPITULO 7

Enfrentando miedos, nervios y ansiedad

Leones y cazadores

¿Qué es la ansiedad?[1]

La ansiedad es una emoción que se siente cuando estamos frente a un peligro que puede ser real o imaginario y genera una reacción en nuestro cuerpo y mente.

Cuando estamos ansiosos nos puede pasar que:

1. Aparezcan ***sensaciones físicas*** como: Taquicardia, inquietud, mareos, tensiones musculares, dolores de cabeza, revoltijos y dolores estomacales.

2. Tengamos formas especiales de ***ver y pensar*** las cosas (anteojos rojos): Automáticamente miramos el costado peligroso de las cosas, pensamos especialmente en los obstáculos que tenemos que enfrentar y en todo lo malo que podría ocurrir. Los pensamientos ansiosos suelen ser del tipo: "y si pasa...."

3. ***Comportamientos particulares***, es decir, impulsos a hacer cosas de manera casi automática: Ganas de escapar a los problemas que nos perturban, intentos de evitar pensar en ellos (aunque a menudo no lo consigamos, ya que vuelven una y otra vez a ocupar nuestra cabeza), y la tendencia a buscar que nos protejan de lo que tememos.

[1]N.de A.: Para complementar esta conceptualización de la ansiedad ver: Wells, A. (1997). Cognitive Therapy of Anxiety Disorders. A Practical Manual and Conceptual Guide. New York: John Wiley & Sons.

La ansiedad: amiga o enemiga

A veces la ansiedad es ***nuestra amiga***:

Funciona como una **alarma natural** que se enciende cuando enfrentamos situaciones peligrosas o difíciles (exámenes, estar solos en un lugar desconocido o inseguro, etc.) **preparando** todo el **cuerpo** y la **mente** para reaccionar rápidamente y enfrentar aquello que nos preocupa.

Cuando estamos ansiosos podemos **pensar** y **correr más rápido**, darnos cuenta instantáneamente de las cosas que nos amenazan, pensar soluciones de emergencia en un abrir y cerrar de ojos, etc.

A veces la ansiedad es ***nuestra enemiga***:

Cuando ocurre en forma muy **intensa** y **frecuente**, podemos estar constantemente nerviosos y/o temer a cosas irreales o que no son una amenaza verdadera.

Por ejemplo, hay chicos que les temen a los perros, a la oscuridad, a que aparezcan ladrones aún cuando están en un lugar seguro y conocido, a separarse o perderse de los papás, e incluso a sus propias sensaciones corporales naturales, exagerándolas y pensando que se tratan de enfermedades graves.

¿Dónde siento la ansiedad?

Cada uno siente la ansiedad en distintas partes del cuerpo.

A continuación te mostramos un niño con algunas de las sensaciones posibles.

¿Podés dibujarte y marcar donde sentís la ansiedad?

Por qué sentimos ansiedad

Observá el dibujo a continuación y contános por qué este niño se siente ansioso

¿A QUÉ LE TEME ESTE NIÑO?
¿AL PERRO O A LO QUE PIENSA DEL PERRO?

¿Se siente ansioso porque:

- el perro es peligroso?
- se IMAGINA que es peligroso?

Alarmas que funcionan bien
y
Alarmas que funcionan mal[1]:

Esto es parecido a lo que pasa con las alarmas de los autos: cuando **funcionan** bien, suenan solamente si unos ladrones intentan robar el vehículo. ¿Viste lo que pasa cuando **funcionan mal** y se descalibran? ¡Se activan ante cualquier cosa! Una fuerte corriente de aire, alguien que inocentemente se apoyó encima del baúl...pueden hacer que se quede sonando toda la noche sin razón suficiente!

En los seres humanos, **esa alarma que es la ansiedad también puede desregularse** y ponerse a sonar ante cualquier cosa. Y el resultado es: podemos asustarnos ante situaciones que no merecen la pena, estar constantemente nerviosos y alterados, etc.

[1]N. de A: El concepto de Falsa Alarma esta tomado y modificado de White y Barlow (1988).

¿Por qué se desregulan nuestras alarmas? ¿Cómo arreglarlas?

Puede ser por distintos motivos:

- Quizás algo malo que nos pasó nos dejó la idea de que cosas inocentes pueden ser peligrosas.
- Quizás ciertas historias que nos contaron (muchas veces sin mala intención), nos hicieron ver las situaciones complicadas y los desafíos a través de anteojos catastróficos.

Los ejercicios que te proponemos a continuación pueden ayudarte a quitarle el color rojo a tus anteojos y a regular tu alarma. ¡¡¡Para que la ansiedad vuelva a ser esa amiga que te avisa de los verdaderos peligros y que te ayuda a enfrentar situaciones complicadas!!!

¿Por qué me pongo más ansioso?[1]

[1]Adaptado de Beck, A., Emery, G. & Greenberg, R. (1985). Anxiety Disorders and Phobias. New York: Basic Books.

¿Cuál de estos ejemplos se parece a lo que te pasa?

SOCIAL

ME VAN A CRITICAR

SOY ABURRIDO

GENERAL

LA PRUEBA VA A SER DIFICILÍSIMA

NO ENTIENDO NADA

PÁNICO

ME VOY A MORIR

NADIE ME VA A AYUDAR

TOC

ALGO MALO PUEDE PASAR

YO VOY A SER EL RESPONSABLE

SEPARACION

SI MAMÁ NO ESTÁ ALGO PUEDE PASAR

YO SOLO NO PUEDO

FOBIA ESPECÍFICA

EL PERRO ES MALO

NO LO VOY A PODER FRENAR

Cómo agrandamos el peligro

Los chicos que tienen anteojos catastróficos y tienden a asustarse con muchas cosas, se imaginan peligros inexistentes o agrandan los peligros pequeños.

¿Recordás alguna vez que te imaginaste un peligro a partir de algo que viste o escuchaste que al final no era nada peligroso? ¿Cómo fue?

....

....

A partir de ahora te vamos a pedir que cada vez que te imagines que hay un peligro pienses si hay un peligro real o es sólo tu imaginación.

A continuación tenés una tabla para ir anotándolos para que lo converses con las personas que te cuidan o tu terapeuta.

Ficha nº 1: Registro de peligros

Día/	Semana 1: peligro que imaginé	Semana 2: peligro que imaginé	Semana 3: peligro que imaginé
Lunes			
Martes			
Miércoles			
Jueves			
Viernes			
Sábado			
Domingo			

"Cómo agrandamos los PELIGROS y achicamos nuestros RECURSOS"

¿Que pensarías y sentirías si te encontraras con este LEON?

Ahora ¿si ese LEON estuviese en su jaula, tendrías tanto miedo?

¿Y si además tuvieras un escudo?

¿Y una escopeta?

¿y si te acompañara el guardia del zoológico?

¿O si fuese de juguete?

- Muchas veces agrandamos los peligros y leones que son de juguete, pensamos que son reales.
- También nos puede pasar que nos olvidamos de todos nuestros recursos para afrontar los problemas como las rejas que encierran al león, el escudo, la escopeta, el guardia que nos acompaña.
- A continuación te mostramos unos ejemplos y cómo trabajar para no agrandar los peligros ni achicar nuestros recursos

"Cómo agrandamos los peligros ..."

¿Cuántas veces te imaginás que el león te iba a morder y en realidad es un león de juguete?

A continuación tenés un ejemplo de Matías de 11 años que describió algunas situaciones donde sentía mucho miedo y la situación terminó siendo mucho más sencilla de lo que él pensaba.

Leones que pensaba que eran salvajes  (Lo que pensaba antes)	Leones que resultaron de juguete  (Lo que realmente pasó)
Escuché un ruido: "Me van a acuchillar"	Era una botella caída
Sonó la alarma: "un ladrón"	Mi hermana es sonámbula
"Alguien entró antes de haber puesto la alarma"	No había nadie
La luz titilaba: "Me voy a quedar a oscuras"	Mi prima estaba jugando con la luz
Ruidos en la reja: "alguien quiere entrar"	Era mi perro

Ficha: "cómo agrandamos los peligros"

¿Cuántas veces imaginaste que el león te iba a morder y en realidad era un león de juguete? Escribí a continuación alguna situación donde sentías mucho miedo y la situación terminó siendo mucho más sencilla de lo que vos pensabas.

Leones que pensaba que eran salvajes  (Lo que pensaba antes)	Leones que resultaron de juguete  (Lo que realmente pasó)

"Cómo achicamos nuestros recursos"

¿Cuántas veces tenés un problema y te olvidás de todas las cosas que te pueden ayudar a afrontarlo?

Mirá este ejemplo que completa Matías

Situación: escucho un ruido afuera de mi cuarto.

¿Qué era lo que pensabas? Entró un ladrón

Escribí todos los recursos que tuviste o tenés para afrontar esa situación:

1. hubiese hecho un ruido tremendo al entrar.
2. el perro lo hubiese escuchado.
3. lo verían los vecinos.
4. sonarían las alarmas.
5. tendría que romper las cerraduras.
6. tendría que ser tonto para elegir esta casa.
7. cuando hay gente es menos probable que quieran entrar.
8. los rateros no suelen hacer nada.

Tu turno:

Pensá en alguna situación que te resulte problemática y con la ayuda de la siguiente ficha intenta ver todos los recursos que no estás teniendo en cuenta.

Ficha nº3: registro de recursos

Situación:

....
....
....

¿Qué era lo que pensabas?

....
....
....

Escribí todos los recursos que tuviste o tenés para afrontar esa situación:

1. ....
2. ....
3. ....
4. ....
5. ....
6. ....
7. ....
8. ....
9. ....

¿Por qué se mantiene mi ansiedad?[1]

LAS MEDIDAS DE SEGURIDAD

1. No ENFRENTO las situaciones temidas
2. Me ESCAPO cada vez que me pongo ansioso
3. Vivo PENDIENTE de lo que me asusta
4. Enfrento las situaciones sólo si cuento con AYUDA

[1]Adaptado de Beck, A., Emery, G. & Greenberg, R. (1985). Anxiety Disorders and Phobias. New York: Basic Books.

1. No enfrento las situaciones temidas

Nuestro amigo Pepe, por miedo se queda sentado y no enfrenta nada. Así se siente seguro. Eso le mantiene la idea de que si no estuviera sentado algo malo le podría pasar, y así va a vivir toda su vida con miedo.

¿Qué le dirías a Pepe para que supere sus miedos?

....

....

¿Qué situaciones son las que evitás?

1. ....
2. ....
3. ....
4. ....
5. ....
6. ....

2. Me escapo cada vez que me pongo ansioso

Supongamos que de a poquito Pepe se va parando pero continúa con algunos miedos, como por ejemplo: a los ascensores, subtes, micros y trenes.

Si cuando Pepe tiene que subir a un ascensor piensa: "si se rompe me voy a quedar sin aire", ¿qué es lo que probablemente haga?

....

....

Si cada vez que está frente a un ascensor sube por las escaleras ¿qué va a seguir pensando?

....

....

Si fueras el psicólogo de Pepe, ¿qué le dirías que haga para vencer su miedo?

....

....

¡¡¡Si le dijiste que los enfrente de a poquito posiblemente te contrate como su psicólogo personal!!!

¿De qué situaciones te solés escapar?

1. ....
2. ....
3. ....
4. ....
5. ....
6. ....

3. Vivo pendiente de lo que me asusta

Como Pepe le sigue teniendo miedo a los ascensores y trenes cada vez que se sube a uno se la pasa mirando para todos lados y atento a cada ruidito para ver si algo le indica que se está por romper.

Como ya te contrató como psicólogo, explicale cómo se va a sentir si está todo el tiempo pendiente de eso:

....

....

¿En qué cosas podría ir fijando su atención en lugar de mirar sólo a las señales de "peligro"? ¿Qué cosas le pueden indicar que no va a pasar nada? (te doy una ayuda: que muchas personas se suben totalmente tranquilas)

1. ....
2. ....
3. ....

¿De qué cosas vivís pendiente?

1. ....
2. ....
3. ....
4. ....
5. ....
6. ....

4. Enfrento las situaciones sólo si cuento con algo que me ayude

Cuando tenemos miedo solemos buscar cosas que nos dejen más tranquilos. Eso puede ayudarnos en el momento, pero después nos quedamos convencidos de que no nos pasó nada gracias a eso que nos ayudó. De ahí en más, vamos a asustarnos o preocuparnos cada vez que no lo tengamos.

¿Pensás que Enriqueta está segura con ese osito?

....

....

¿Qué cosas buscás o hacés vos para quedarte más tranquilo?

....

....

¿En qué situaciones solés pedir ayuda?

1. ....
2. ....
3. ....
4. ....
5. ....

Para recordar:

Entre lo que sentís y lo que hacés hay un círculo vicioso

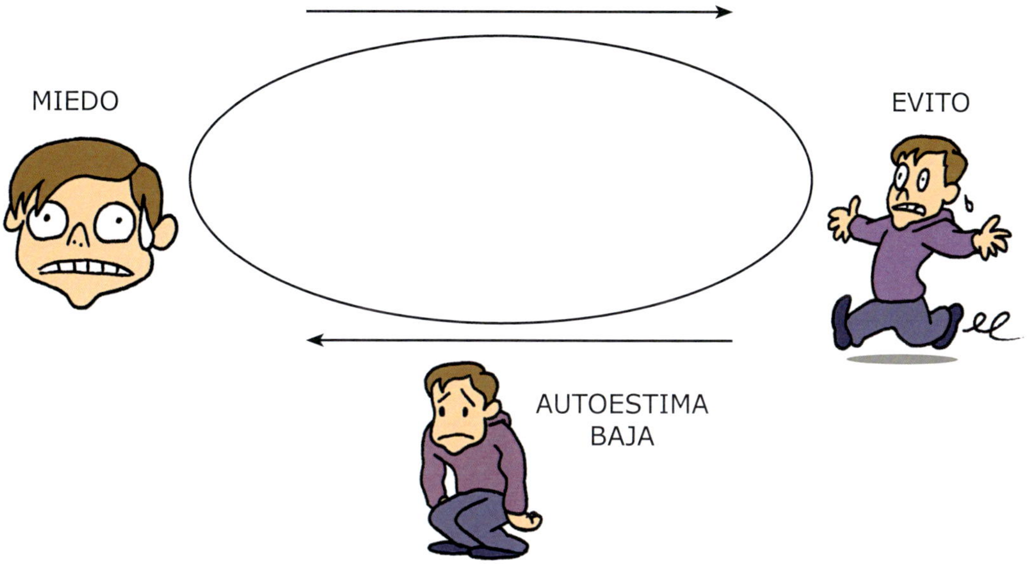

La forma de revertirlo es hacer la ACCIÓN OPUESTA[1]:

[1] Linehan, M. (1993). Skills Training for Treating Borderline Personality Disorder. New York: The Guilford Press.

Para que tengas en cuenta:

Si seguís haciendo lo que estás haciendo, vas a seguir sintiendo lo que estás sintiendo.

↓

Si querés cambiar como te sentís, cambiar la forma de pensar y actuar puede servirte*

* A continuación te mostramos como.

El buen cazador

Cuando estamos ansiosos nos sentimos como si estuviésemos con un león hambriento en su jaula y por ahí estamos agrandando al león y nos olvidamos de las cosas qué podemos hacer para enfrentarlo.

Queremos ayudarte a que, cuando estás ansioso, te fijes cómo pensás el problema que te pone mal: aprender a fijarte si lo estás agrandando terriblemente y si no estás pasando por alto cosas que podés hacer para enfrentarlo, manejarlo y resolverlo.

Paso 1: Anotar qué pensás de la situación que te pone nervioso.
Paso 2: Después, queremos que te hagas a vos mismo "las preguntas del buen cazador".
Paso 3: Anotá las respuestas a estas preguntas al lado.

Una aclaración importante:

Con estos ejercicios no se pretende que pienses todo positivamente, ni que nunca veas los peligros, sino que aprendas a cuestionar tus pensamientos[2].

El "poder" no está en aumentar los pensamientos positivos, sino en reducir los negativos

[2] Kendall, P. (2000). Child and adolescent therapy. Treating Anxiety Disorders in Youth. New York: The Guilford Press.

PREGUNTAS DEL BUEN CAZADOR I

Mi Pensamiento Miedoso es: 	
¿Qué tan seguro del 1 al 10 es que eso que temo pase?	
¿Qué es lo peor que podría pasar?	
¿Qué cosas podrían pasar que no sean ni buenas ni malas?	
¿Qué es lo mejor que podría pasar?	
Respuestas al pensamiento miedoso: 	

PREGUNTAS DEL BUEN CAZADOR II

Mi Pensamiento Miedoso es: 	
Y si eso pasa... ¿Qué armas tengo para afrontarlo? ¿Qué puedo hacer para enfrentar la situación?	
¿Alguna vez me pasó antes?	
¿Qué hice entonces para resolverlo?	
Respuestas al pensamiento miedoso: 	

PREGUNTAS DEL BUEN CAZADOR III

Mi Pensamiento Miedoso es: 	
¿Qué me hace pensar que va a ser así?	
¿Qué me hace pensar que no va a ser así?	
Respuestas al pensamiento miedoso: 	

PREGUNTAS DEL BUEN CAZADOR IV

Mi Pensamiento Miedoso es: 	
¿Cuantas veces pensé que iba a pasar?	
¿Cuantas veces se cumplió mi pensamiento?	
¿Cuántas veces NO se cumplió mi pensamiento?	
¿Tengo una tendencia a pensar estas cosas y que no se cumplan?	
Respuestas al pensamiento miedoso: 	

PREGUNTAS DEL BUEN CAZADOR V

Mi Pensamiento Miedoso es: 	
Si un/a amigo/a pensara eso ¿qué le diría para que se quede tranquilo/a?	
¿Qué te dirían tus amigos si supieran lo que vos pensás?	
Respuestas al pensamiento miedoso: 	

Otra forma de hacerte las preguntas del buen cazador es la siguiente, mirá este ejemplo:

A continuación, cuando estés ansioso, podés anotar en esta planilla la situación, cómo la pensás, los resultados de las "preguntas del buen cazador", y una forma alternativa de pensar las cosas.

Te mostramos un ejemplo de Sebas, 10 años

Por último queremos que vuelvas a mirar la situación:

¿Cómo se ve el león ahora? ¿Está dentro o fuera de la jaula? ¿Es de verdad o de juguete? ¿Tengo armas y guardias que me ayudan?

Poné otra forma de pensar la situación en este nuevo "globo de pensamientos".

Ahora fijate:

¿Cuánto crees en esta nueva forma de pensar el problema? ¿Más o menos, bastante, mucho? ¿Cómo te hace sentir? ¿Un poco mejor, bastante mejor o mucho mejor?

A otros chicos les sirve anotar los pensamientos y responderles con anteojos más claritos te damos un ejemplo para que veas:

Juani catastrófico dice:	Juani claro contesta:

Me voy a equivocar Me van a burlar o matar Mis amigos se van a enojar Un error me arruina la exposición	No me voy a equivocar Si me equivoco no va a pasar nada y si me burlan no está bueno pero tampoco es gravísimo. Un error no hace mal a nadie Todos se equivocaron alguna vez Mamá puede disfrutar de todo el resto.

Te dejamos uno en blanco para que practiques.

Mi yo catastrófico dice: 	Mi yo claro contesta: 

Cuando estamos ansiosos puede resultar difícil acordarse estas respuestas, por eso algunos chicos se las anotan para recordarlas en otros momentos.

Te mostramos el ejemplo de Santi de 12 años, que tenía que dar un examen super importante para él:

Ficha: abanico de posibilidades

Muchos chicos suelen imaginarse que las cosas pueden ser muy blancas o muy negras, muy catastróficas o muy claritas, cuando por lo general ante una situación "peligrosa" suele haber muchas alternativas posibles.

Tener en cuenta todas las opciones nos ayuda a ver las cosas más claramente:

Lo peor que puede pasar | Algo normal | Lo mejor que puede pasar

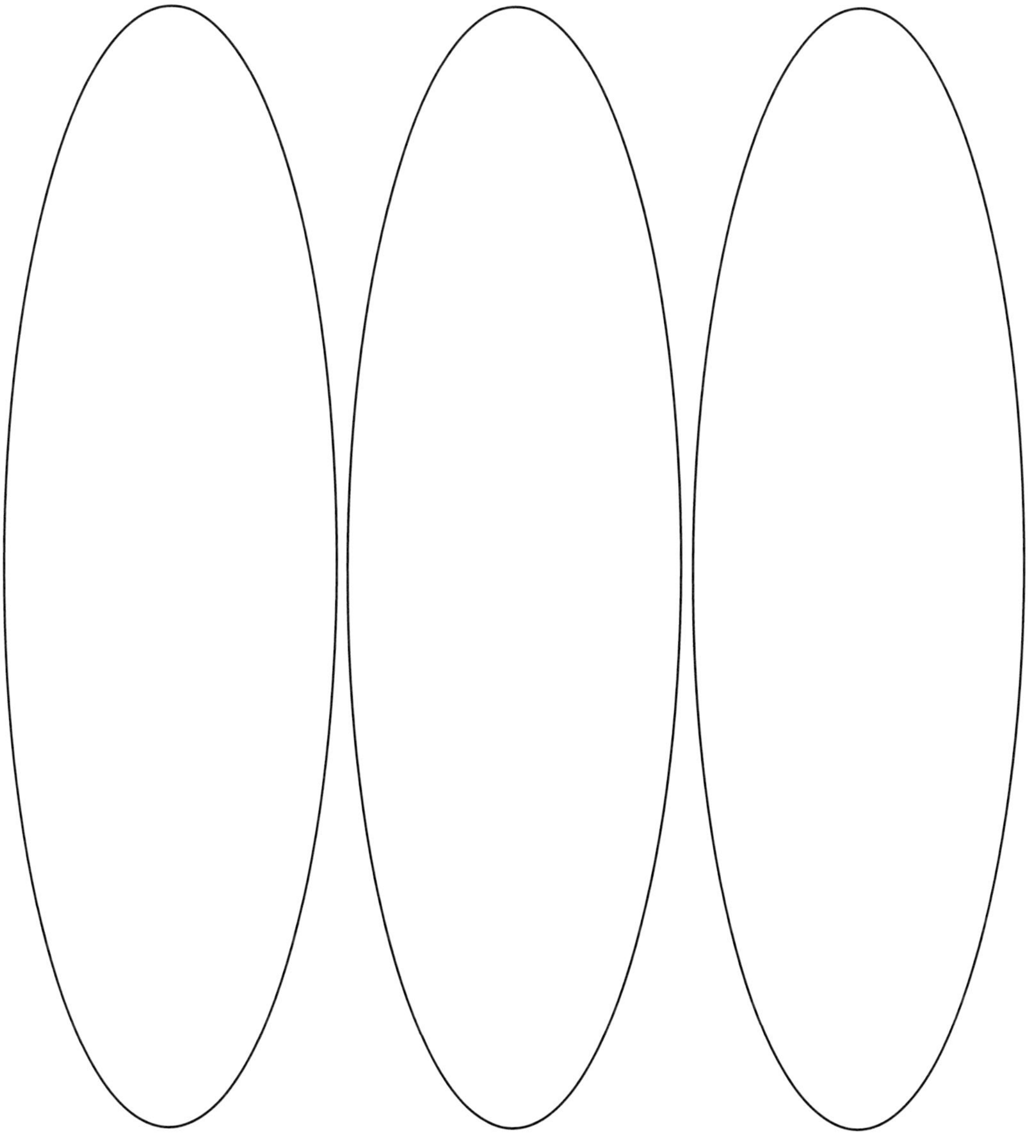

Las enseñanzas del Maestro Ninja

¿Viste qué bueno en las películas de artes marciales, cuando al luchador oriental vienen como 10 tipos a pegarle y él se mantiene tranquilo? El secreto está en las antiguas técnicas de relajación. Muchas de estas tienen su origen en siglos y siglos de sabiduría oriental.

El primer paso de un maestro ninja es aprender a relajarse para enfrentar las situaciones tranquilo. De esta manera, suele resolverlas mejor. Queremos enseñarte un par de técnicas para que te relajes cuando afrontás situaciones que te ponen ansioso, nervioso, tenso.

Una advertencia: ¡esto no quiere decir que vas a poder enfrentar cualquier peligro como el ninja! ¡Tampoco tenés por qué hacer cosas tan difíciles o peligrosas! La idea es, más bien, tomar prestadas del ninja algunas técnicas simples y efectivas para que tiendas a sentirte mejor en medio de los problemas.

Pasos para relajarte[1]

1) Hacé que tu cuerpo se ponga blandito, como si fuese un muñeco de trapo. Los brazos tienen que estar como colgando, bien blanditos, como si el viento pudiese moverlos.

2) Respirá profundamente, llevando el aire a la panza. Imaginate que esta es como un globo, a la que podés inflar. ¿Sentís cómo se hincha?

3) Pensá una palabra que te guste, que te tranquilice y decítela a vos mismo mentalmente, antes de largar el aire. Te damos algunas ideas que le sirvieron a otros chicos: "tranqui", "basta", "despacio", "relax".

4) Largá todo el aire por la boca y sentí como tus músculos siguen relajados, cada vez más blanditos. Esperá un poquito y volvé a respirar, repetí el proceso por 5 minutos más o menos.

[1] Se presenta la relajación con respiración diafragmática, también puede ser útil una versión simplificada de la relajación progresiva de Jackobson, E. (1983). Progresive Relaxation. Chicago: University Of Chicago Press.

Algunos chicos lo entienden mejor cuando se los explicamos así:

Primero: aprendemos a ponernos blandos como muñecos de trapo.

Después: ganamos un campeonato de respiración profunda e inflada de globos

Imaginería[1]

Una vez que lograste ponerte canchero haciendo la respiración, podés aumentar su efecto acompañándola de imágenes que te ponen más tranquilo todavía. Te damos algunas ideas:

1) A veces ayuda pensar en algún lugar lindo y tranquilo que te haya gustado: una playa, un bosque por el que caminaste. Tratá de pensar bien en todos los detalles de ese lugar: ¿qué ves, qué sentís, qué olés, qué escuchas? Por ejemplo: si pensaste en una playa, ¿podés ver cómo se mueve lentamente el mar? ¿Podés imaginarte que sentís su olor? ¿Escuchás el murmullo suave?
2) Algo un poco más difícil, que requiere práctica, pero es muy efectivo: imaginarte a vos mismo afrontando con éxito la situación a la que le tenés miedo. ¿Podés imaginarte tranquilo en el banco, rindiendo el examen? ¿Podés imaginarte hablándole a la chica que te gusta relajado y tranquilo?
3) Por último, otra imagen que suele tranquilizar mucho: imaginate el futuro, una vez que el problema haya sido resuelto y los nervios

[1] Kendall recomienda el uso de la relajación combinada con imaginería en niños. Ver: Kendall, P. (2000). Child and adolescent therapy. Treating Anxiety Disorders in Youth. New York: The Guilford Press.

hayan pasado. Imaginate, mientras respirás, que la preocupación quedó atrás y estás en otra. ¿Qué cosas estarías haciendo? ¿Con quién? ¿Cómo te sentís?

Como todos los ejercicios que presentamos en este libro, las técnicas del maestro ninja requieren práctica. No te exijas. Al principio no salen tan bien pero después, resultan cada vez más fácil, en especial con la ayuda y supervisión de tu terapeuta. ¡Sería bueno que las practiques 5 minutos todos los días, así después las tenés claras para usarlas en medio del problema que te pone nervioso!

El Robot y el muñeco de trapo[2]

Otra forma de relajarte, muy sencilla, es la técnica del robot y el muñeco. No es para usarla en lugares públicos, por eso te recomendamos que la practiques en lugares donde nadie te moleste, ni interrumpa.

La misma consiste en poner duros los músculos como los de un robot unos 10 segundos y luego aflojarlos todo lo posible, como si fueras un muñeco de trapo. Para que te acuerdes de tensar todos los músculos el secreto esta en dividirlos en cinco grupos.

Músculos de:	Tensar	Relajar
La cara		
El pecho		
La espalda		
Los brazos		
Las piernas		

[2]Ver: Jackobson E. (1983). Progresive relaxation. Chicago: University Of Chicago Press.

Esquivar, escapar: los aliados maléficos del miedo

Los miedos de María:

La abuela le contó a María que cuando era chica la había mordido un perro. A partir de ese momento, María decidió dejar de ir a lo de su amiga Carolina, ya que ella tenía un atemorizante bull-dog.

Pensó que con eso iba a resolver el problema del miedo. Pero al poco tiempo se dio cuenta que a las 8 de la mañana pasaba todos los días un paseador de perros por la puerta de su casa.

Pensó que con no salir a esa hora de su casa, iba a resolver el problema del miedo. ¡Tenés que ver el lío que armó en su casa para que todos los días salgan media hora más temprano al colegio! Pero con eso tampoco alcanzó, ya que en la esquina de su colegio había una veterinaria con unos cachorritos en la vidriera.

¿Adiviná lo que hizo María? ¡Le hizo dar la vuelta manzana a la madre todos los días, para no pasar por la puerta de la veterinaria. ¡Y ni siquiera así logró estar más tranquila!

Un día la mamá de María se cansó y le regaló un perrito a su hija. María el primer día hizo un escándalo bárbaro. El segundo día no le prestó mucha atención. A la semana estaba todo el día jugando con el perrito.

¿Por qué crees que le pasó eso a María?

Respuesta: a medida que jugaba con el perrito, afrontaba sus miedos paso a paso.

CONCLUSIONES

Los miedos se mantienen a medida que los evitamos, ¡cuanto más esquivamos lo que nos atemoriza o pone nerviosos, más grande lo hacemos!

- Nunca terminamos de acostumbrarnos a las sensaciones feas que nos provoca.
- No aprendemos hasta qué punto la situación es tan peligrosa como pensamos y qué poderes tenemos para enfrentarla.
- ¡Además, el miedo es contagioso! A medida que le escapamos, va extendiéndose a más cosas.

Una vez que aprendiste a cuestionar tus globitos de pensamiento catastróficos y que aprendiste las técnicas del ninja para relajarte, sería bueno que afrontes poco a poco aquello que estuviste evitando.

Ventajas de enfrentar los miedos

1. Nos permite INVESTIGAR nuestros pensamientos y ver las cosas más claramente.

2. Nos ayuda a REDUCIR el miedo

Las curvas de la ansiedad

Cuando sentimos miedo, solemos tener el impulso de escapar porque nos genera sensaciones feas. Pero el miedo (como todas las emociones) suele hacer una curva, al principio aumenta, se mantiene un rato y luego disminuye.

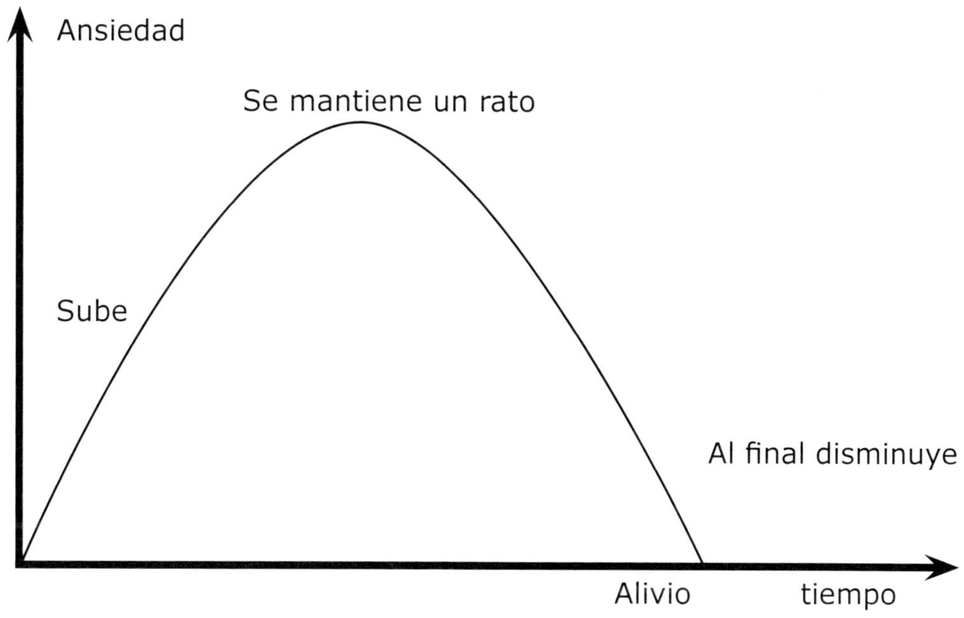

Cuando escapamos o evitamos, la ansiedad baja rápido. ¡Parece que el problema se soluciona! Sin embargo, después vuelve a subir y aquello que nos daba miedo, nos pone cada vez más ansiosos y se hace más difícil de enfrentar[1].

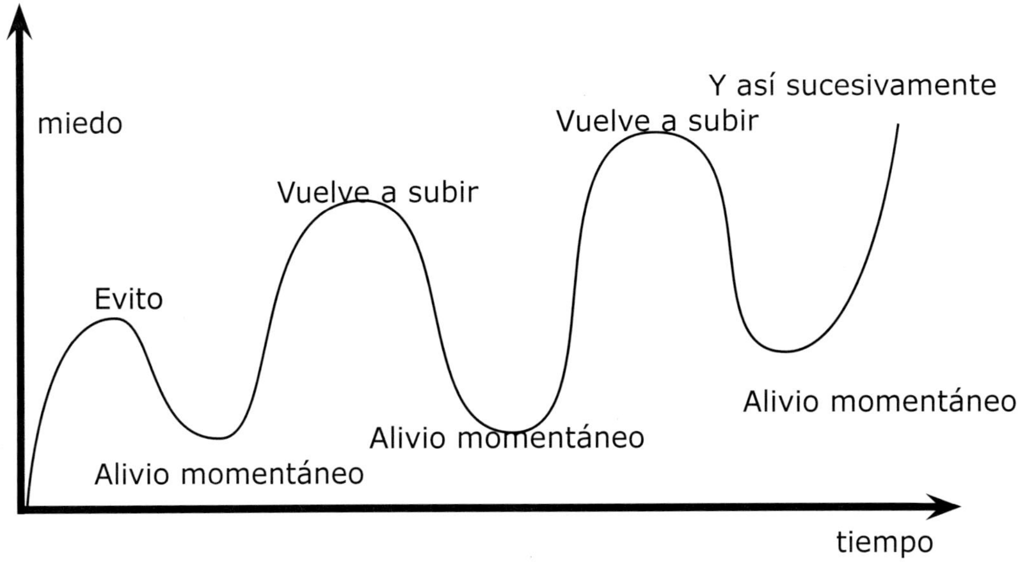

Las Curvas del Valiente

En cambio, si toleramos un poco las sensaciones feas de la ansiedad y enfrentamos la situación, el miedo al principio sube, pero después es cada vez menor[1].

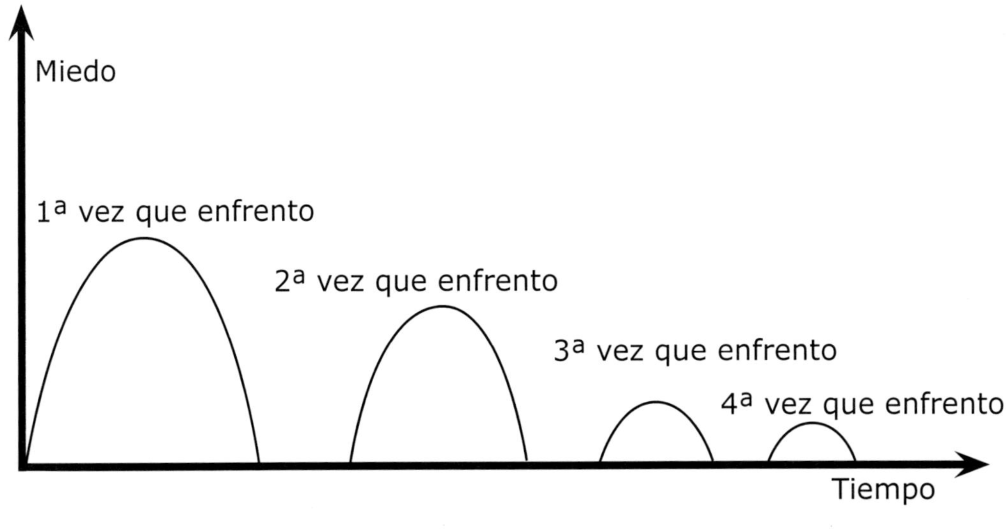

[1]Ver: Wolpe, J. (1981). Psicoterapia por inhibición recíproca. Bilbao: Desclée de Brouwer.

Aquí va otra forma de entender las ventajas de enfrentar los miedos:

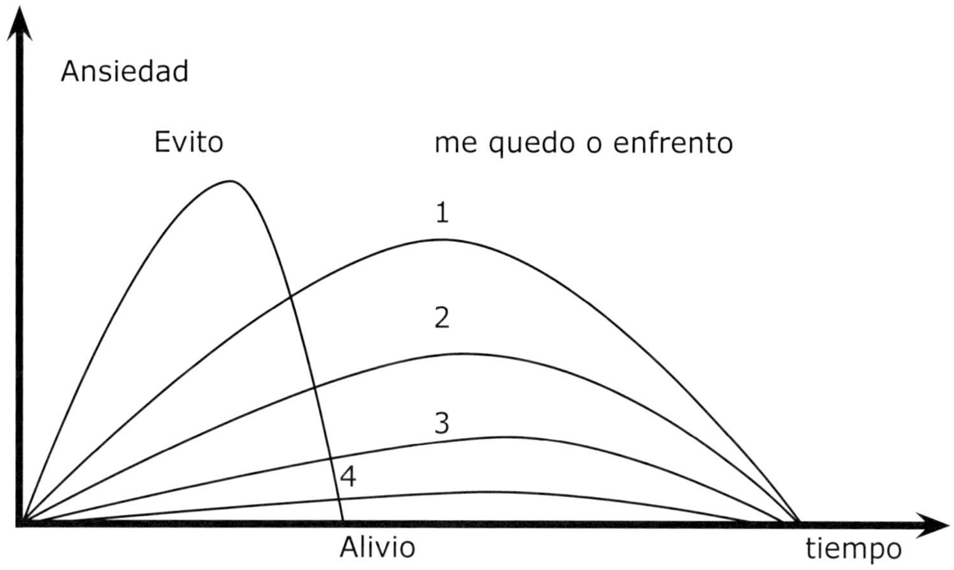

Compará las curvas de la ansiedad y las curvas del valiente. ¿Te parece que vale la pena un poco de esfuerzo y de valentía? ¿Estás listo para afrontar tus miedos paso a paso?

¡Para que lo compruebes vos mismo!

Nos gustaría que te tomes unos segundos para pensar en las distintas situaciones donde sentiste miedo en tu vida y ya no lo sentís más.

Algunos ejemplos pueden ser:

- andar en bicicleta,
- el primer día en la escuela,
- aprender a nadar.

Podés pedir ayuda a tus padres.

Miedos que superé

¿Cómo te sentías la primera vez? ¿Y la segunda? ¿Y la tercera? ¿Y ahora?

¡Vos mismo hiciste las curvas del valiente!

De cinturón blanco a cinturón negro, afrontando los miedos paso a paso

¿Te decidiste a enfrentar tus miedos?... ¡¡Bravo!! Te contamos que la idea básica consiste en subdividir aquello que te da miedo en pequeños pasos, ordenados de menor a mayor grado de dificultad, e ir exponiéndote[1].

Los pasos podés escribirlos en un registro como el que te mostramos abajo[2].

Pasos para ser Maestro Ninja

Afrontando tus miedos paso a paso

cinturón blanco

____

____

cinturón amarillo

____

____

cinturón naranja

____

____

cinturón marrón

____

____

cinturón negro

____

____

Con la ayuda de tu terapeuta, (y en tu casa con la de un familiar y/o amigo), podés tomarte un día para afrontar cada paso. Durante este ejercicio, podés tranquilizarte usando las técnicas de relajación e ir controlando las catástrofes que te dicen tus globitos en la forma en que te lo hemos enseñado.

Es más, antes de dar cada paso te proponemos que discutas tus temores con tu terapeuta y anotes:

- Lo que pensabas que podía pasar y
- Lo que finalmente pasó

[1]En terapia cognitiva las técnicas conductuales se utilizan para modificar las cogniciones. Ver: Beck, A. Rush, A., Shaw B. & Emery, G. (1979). Cognitive Therapy of Depression. New York: The Guilford Press.

[2]N.de A: Se recomienda adaptar este formato a la narrativa particular de cada paciente, pueden usarse equipos de fútbol, trofeos de distintos tamaños, bandas de rock, etc. en los cuales el chico puede ir ascendiendo.

Para que puedas ir aprendiendo cómo suele ser tu forma de pensar.

Aunque sientas un poco de ansiedad, tratá de quedarte en la situación atemorizante un rato, hasta que sientas que no te pone tan nervioso. Podés proponerte pequeños lapsos de tiempo de antemano, como por ejemplo 2 minutos, 5 minutos, etc.

A medida que te enfrentes al paso que te propusiste ya no te va a dar tanto miedo. Podés dirigirte entonces al siguiente paso de la lista y así, hasta completarla.

Es importante que aprendas a felicitarte a vos mismo por cada esfuerzo que hacés.

Por eso te proponemos ponerte pequeños premios, como los cinturones (si te gusta más el fútbol, podés imaginarte que ganás copas cada vez más grandes, es lo mismo).

Aún más, puede ser que un día sientas que no pudiste vencer el miedo respecto al paso que te habías propuesto: ¡No importa! La idea es hacerlo lenta, pero continuamente. Todos los días un poquito, en pequeños pero continuos pasos, ¡y así hasta llegar al cinturón negro!

Te vamos a dar el ejemplo de un chico: Agustín tenía miedo de invitar al cine a la chica que le gustaba de su curso. Temía que lo rechazara y nunca le había hablado directamente. Estuvimos de acuerdo en que sería más fácil para él acercarse poco a poco, dividiendo la tarea de invitarla al cine en pequeños pasos de menor a mayor grado de dificultad.

Pasos para ser Maestro Ninja

Afrontando tus miedos paso a paso

cinturón blanco

saludarla sonriéndole y mirándola a los ojos

cinturón amarillo

saludarla con un beso

cinturón naranja

hablarle o preguntarle sobre cosas del cole

cinturón marrón

hablarle sobre cosas más personales

cinturón negro

preguntarle si le gustaría ir al cine

También esta técnica puede ser utilizada en casos más difíciles. Juampi tenía miedo de salir a la calle, le agarraban fuertes ataques de ansiedad cuando lo intentaba....últimamente salía poco y nada.

Se decidió a afrontar poco a poco sus miedos. Se puso como meta máxima viajar en colectivo solo. Como meta mínima, quedarse un rato en la puerta de su casa.

Los pasos intermedios entre su meta máxima y mínima llegaban a diez.

Así que, con ayuda de su terapeuta, organizó una lista en la cual se asignaban dos pasos a cada cinturón. Sin prisa, pero sin pausa, empezó a cumplir sus metas.

Pasos para ser Maestro Ninja

Afrontando tus miedos paso a paso

cinturón blanco

salir quedándome en la puerta de la casa
caminar una cuadra acompañado

cinturón amarillo

vuelta a la manzana acompañado
vuelta a la manzada solo

cinturón naranja

ir a la plaza acompañado
ir a la plaza solo

cinturón marrón

ir al cine acompañado
ir al cine solo

cinturón negro

viajar en colectivo acompañado
viajar en colectivo solo

Hacé tu lista con los pasos para afrontar lo que te da miedo o te pone nervioso y: ¡poné tus temores contra las cuerdas!

Pasos para ser Maestro Ninja

Afrontando tus miedos paso a paso

cinturón blanco

____

____

cinturón amarillo

____

____

cinturón naranja

____

____

cinturón marrón

____

____

cinturón negro

____

____

Escalera del valiente

A muchos chicos les sirve pensar que van subiendo una escalera y que paso a paso le ganan al miedo. Sobre todo porque eso les permite ir cambiando los pensamientos catastróficos.

Mirá este ejemplo:

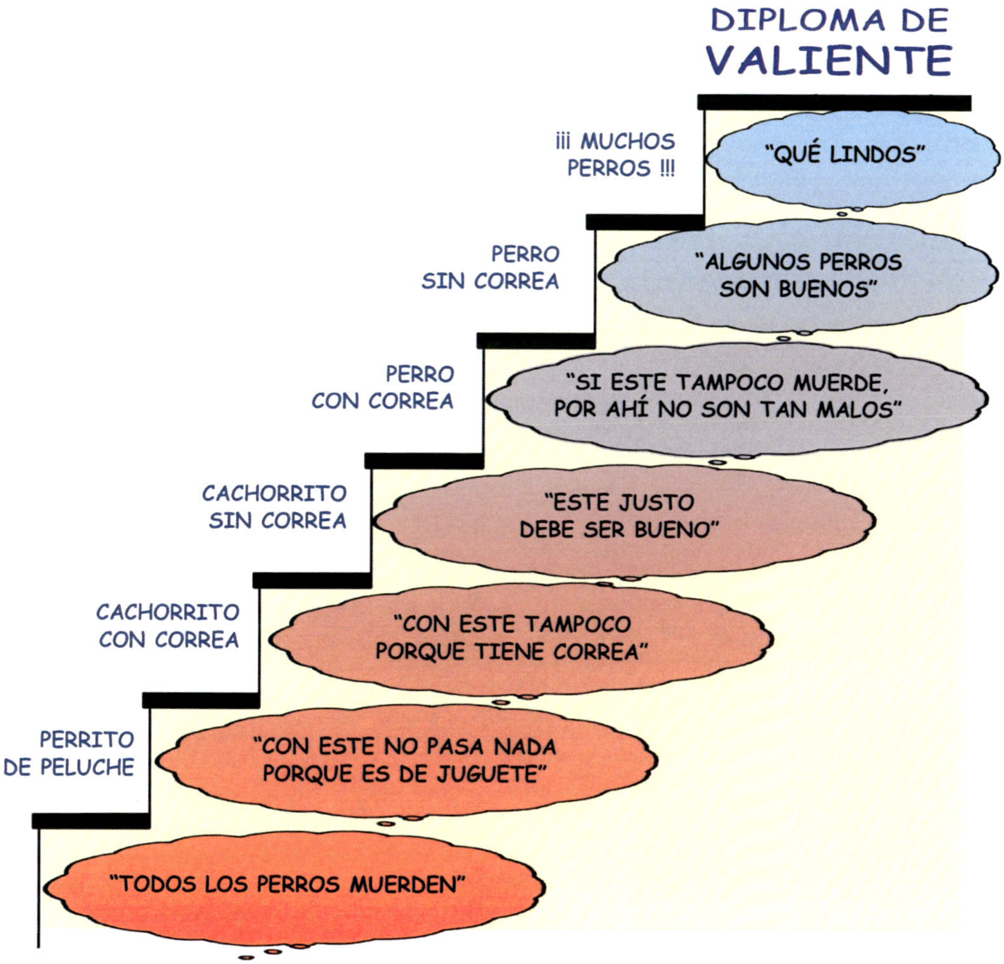

Ficha: escalera del valiente

¿Te animás a completar tu propia escalera? En los cuadros poné el paso que das y en los globitos los pensamientos que vas teniendo.

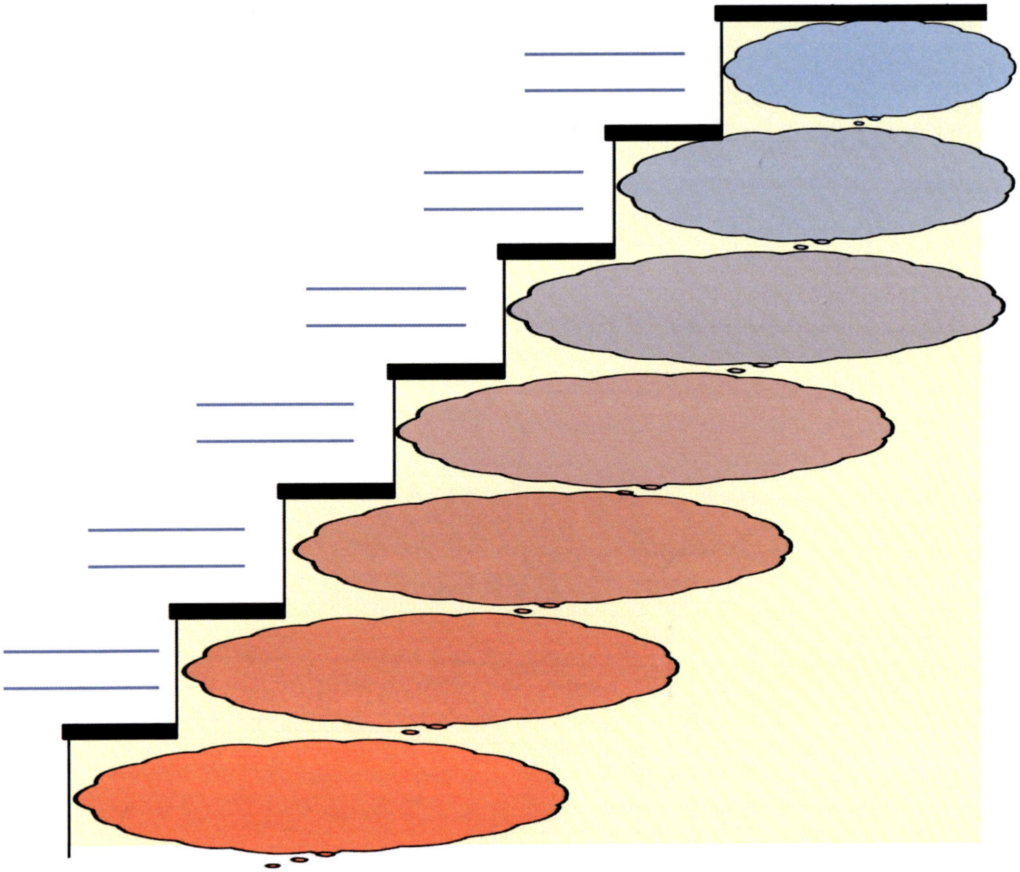

¡¡¡¡¡Este es un ejemplo para las chicas!!!!!!

Esta es la escalera de la princesa, cada escalón que sube se acerca más a su principe azul y el castillo, y va ganando todo lo que necesita para ser una reina.

Reglas de oro para las escaleras

Cómo planificar las exposiciones:

- Hacé un listado de situaciones evitadas
- Ordenalas según el grado de dificultad
- Repetí la exposición hasta que la realices sin dificultad.
- Pasá a la siguiente situación de la lista
- El grado de dificultad puede variar por la compañía del terapeuta o no, la duración, el número de personas presentes, etc.

Cuando subís un escalón:

Muchas veces tenemos miedo antes de enfrentar, pero una vez que lo hacemos descubrimos que no era para tanto

El primer paso es el más difícil.

Claves del éxito:

> Practicá todos los días durante una hora aproximadamente.
> Cuanto más miedo te da, más exposiciones tenés que hacer.
> Cuanto más alto subís la escalera, más tranquilo te sentís después.

Importancia del esfuerzo

Poco Esfuerzo = Poco Beneficio	Mucho Esfuerzo = Mucho Beneficio

Cuanto más alto subas en la escalera,
más tranquilo te vas a sentir después.

Esto opina Juan, de 6 años

El último escalón: la prueba de fuego

Cuando intentamos vencer nuestros miedos, el último escalón es fundamental. Tenemos que hacer que ese paso final que damos, sea lo más alto posible para poder asegurarnos que le ganamos al miedo.

Hay que hacer:

La prueba de fuego
Pensá algún experimento con el cual puedas asegurarte que si tus peores temores no se cumplieron, entonces te podes quedar tranquilo.

Por ejemplo:

Pepe le tenía miedo a los trenes, tenía miedo de quedarse sin aire dentro de ellos. Al principio subía solo una estación y cuando el tren estaba vacío. Después se animó a viajar dos estaciones seguidas y luego tres, cuatro así sucesivamente hasta que se animó a hacer la prueba de fuego. Pensó que si se animaba a viajar cuando el tren estuviera repleto de gente, en invierno, con las ventanas cerradas, durante dos horas y lo soportaba, significaría que viajar en tren era inofensivo y que podría viajar todo el tiempo que quisiera. Finalmente lo hizo y ahora viaja tranquilo por donde quiere y cuando quiere.

Otra forma de explicarlo es la siguiente:

Si lográs perderle el miedo a los doberman,

¡¡¡¡¡ con los caniche y salchicha te vas a matar de risa !!!!!

¿Cuál va a ser tu prueba de fuego?

Mi mayor temor es:

....
....
....
....

Lo voy a a poner a prueba haciendo:

....
....
....
....

El resultado fue:

....
....
....
....

Mi conclusión es:

....
....
....
....

Jugando también podés afrontar los miedos

Un chico de 8 años le tenía mucho miedo a las botellas de plástico, decía que le daban erizo, asco, que se podía contagiar una enfermedad. Después de unas charlas con su terapeuta, decidió armar unos juegos para perderle el miedo. Juntos inventaron una escalera del valiente con juegos.

1. Jugar al metegol con un pedacito chiquito de plástico.
2. Al básquet. Uno sostenía la botella cortada por la mitad (se usaba de aro) y el otro tenía que embocar una pelotita dentro de ella.
3. Finalmente jugaron a las espadas con las botellas de plástico (como en la Guerra de las Galaxias).
4. Obvio que se ganó un premio después de tanto jugar con las botellas.
5. Finalmente lo empezó a aplicar en su propia casa y les servía gaseosa a todos sus hermanos.

¿Qué juego podés inventar vos?

1. ....
2. ....
3. ....
4. ....
5. ....
6. ....

CAPITULO 8

DIFERENTES MIEDOS Y ANSIEDADES

ANSIEDAD SOCIAL

Es una forma especial de ansiedad que se produce cuando nos cuesta afrontar situaciones en las que interactuamos con otros, como:

- Hablar en público.
- Dar exámenes orales.
- Conocer nuevos amigos.
- Expresar lo que sentimos y necesitamos.

Todos sufrimos timidez o inseguridad de vez en cuando.

Pero cuando este temor se repite a menudo y con gran intensidad, puede serte útil y necesario trabajarlo.

Una de las claves de éste problema es que:

VIVO PENDIENTE DE LO QUE PIENSAN DE MI.

Este problema se alimenta de pensamientos catastróficos que suelen decirnos que[1]*:*

- Los demás son mejores.
- No somos tan buenos como ellos.
- Van a estar pendientes de cómo hacemos las cosas.
- Sería muy difícil agradarles.
- Si no les agradamos es gravísimo (podríamos quedar en ridículo).

Estos pensamientos se basan especialmente en una distorsión o forma errónea de ver las cosas, que llamamos:

"Lectura de mente".

[1]N. de A.: Ver Botella C., Baños M.R. & Perpiñá C. (2003). Fobia Social: Avances en la psicopatología, la evaluación y el tratamiento psicológico del trastorno de ansiedad social. Barcelona: Ediciones Paidós Ibérica S.A.

Lectura de mente: consiste en que cuando nos ponemos ansiosos ante estas situaciones, por momentos creemos poder adivinar el pensamiento de los demás.

¡Y lo más extraño es que lo ''adivinado'' es siempre negativo!

La respuesta espontánea más usual ante este temor, como ya sabés, es:

Evitar y escapar,
lo cual empeora los problemas.

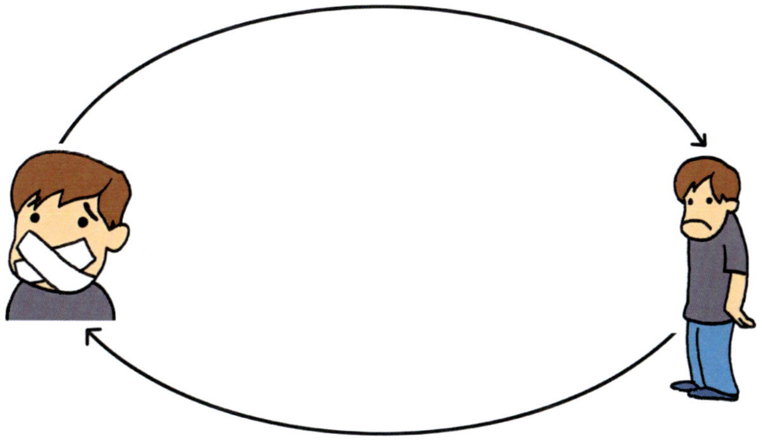

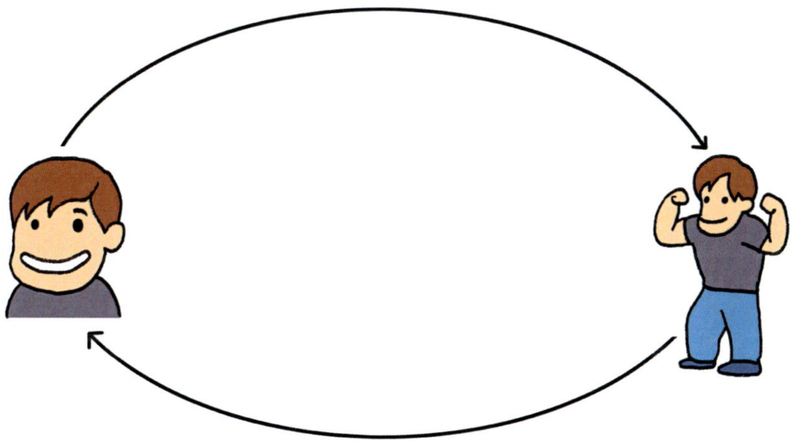

Pensamientos típicos

Estos son algunos ejemplos de los pensamientos típicos, que tenemos cuando nos ponemos nerviosos frente a los demás.

¿Soles pensar este tipo de cosas? ¿Qué otros pensamientos tenés? ¿Cómo te hacen sentir? ¿Te gustaría ganarles?

Algunas claves para solucionarlo:

1) Cuestioná tus globitos catastróficos (en especial los que te hacen creer, cuando estás ansioso, que podés leer la mente de los demás).

2) Aprendé a relajarte en las situaciones sociales que para vos son un desafío.

3) Si pensás que te faltan realmente ciertas habilidades para conectar con las personas, aprendelas y practicalas (chequeá el apartado "un millón de amigos" en este libro).

4) Afrontá tus miedos paso a paso. Podés usar los "Pasos para ser maestro Ninja", o la "Escalera del Valiente" como modelos.

Veamos entonces más de cerca esta forma especial de distorsión que produce los "globitos de pensamiento catastróficos" en las situaciones sociales.

LEYENDO LA MENTE

La señorita Rivarola cree que la intención de Siviski es mirarle la bombacha. Esto lo llamamos: hacer "lecturas de pensamiento". Las lecturas pueden ser equivocadas, acertadas o tener un poco de cada una.

Lo seguro es que[1]*:*

- No podés saber lo que pasa por la mente de otra persona, salvo que te lo cuente.
- Lo que las personas piensan de vos no puede ofenderte, salvo que dejes que te ofenda.
- Por lo general nos imaginamos que los otros piensan lo que nosotros creemos de nosotros mismos.

Esto puede influir en que no nos animemos a hacer muchas cosas cuando estamos en presencia de otras personas (como quedarnos callados) y en que nos cueste más hacernos amigos.

A continuación te mostramos unos ejemplos de lecturas de mentes para ver cómo podrías defenderte de esos pensamientos

[1]N. de A: ver Nichols, P. (1999). Clear Thinking Talking Back to Whispering Shadows. Iowa: River Lights, Publisher.

Ficha: lectura de mente

*(los últimos dos casilleros son para completar con un ejemplo propio)

Situación	**Pensamiento** (lectura de mente)	**Pensamientos alternativos**
Dando una lección oral en la escuela	Los chicos están pensando que tartamudeo mucho	
En una fiesta bailando	Piensan que soy "de madera", que no sé bailar	
Hablando por teléfono en casa	Seguro que están todos escuchándome para ver cómo hablo	
Mi amigo está con un chico que no conozco	Seguro que quieren jugar entre ellos	
Mi amiga me dice que estoy linda	Me lo dice para que no me sienta mal	
*		
*		

¡¡¡Preparate para contestar a las lecturas de mente la próxima vez que lo necesites!!!

FOBIA ESPECÍFICA

Muchos chicos sienten un miedo muy intenso siempre frente a un mismo objeto. Algunos ejemplos típicos pueden ser:

- Perros
- Gatos
- Arañas u otros bichos.

Algunas claves para superar esos miedos[2]:

Aprender sobre lo que te produce ese temor.
A Felipe le sirvió mucho saber que la araña a la que le tenía miedo no vivía en su país.

Cuestionar los globitos de pensamiento.
Cuando pensaba que la araña lo podía picar se hacía las preguntas del cazador y se daba cuenta que de todas las veces que se imaginaba eso nunca le había pasado y que podía ser sólo su imaginación.

Exposición con imaginería.
Como le costaba mucho enfrentar a las arañas los primeros ejercicios fueron imaginarse arañas en distintas situaciones hasta que finalmente se sintiera tranquilo.

Escalera del valiente.
Empezó con arañas de juguete hasta llegar a probar con algunas reales y a pesar de haberle costado se dio cuenta que sus pensamientos no se cumplieron.

[2]N. de A.: En el tratamiento de la fobia específica puede ser útil la psicoeducación sobre los objetos temidos y la exposición en imaginería.

PÁNICO

Algunos chicos tienen sensaciones físicas que les producen mucho temor. Por ejemplo:

- Falta de aire, ahogo.
- Sensación de desmayarse.
- Mareo.
- Sudor.
- Palpitaciones.
- Visión borrosa.

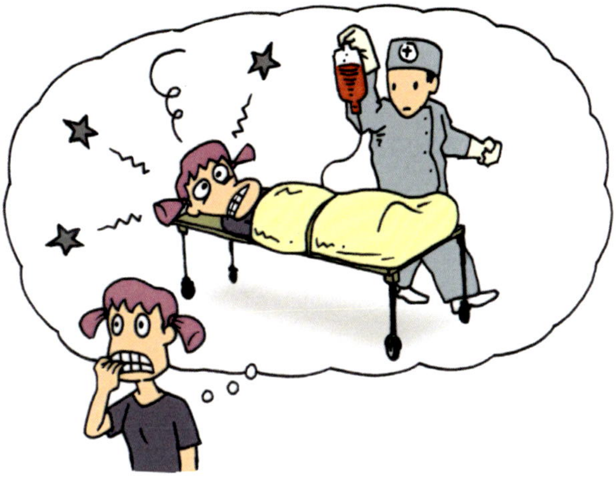

Cuando se asustan por estas sensaciones sin quererlo pueden hacer que aumenten. Y por lo general cuando las sensaciones aparecen en algún lugar determinado quieren dejar de ir a esos lugares.

Algunas claves para superar el pánico[3]*:*

1. Aprender sobre las sensaciones.
2. Trabajar con los globitos de pensamiento.
3. La prueba de la "SUPER RESPIRACIÓN"
4. Respirar en cámara lenta.
5. Poner a prueba las sensaciones en el consultorio.
6. Poner a prueba las sensaciones en donde suelen suceder.
7. Dejar de usar las medidas de seguridad.

[3]N. de A.: "super respiración" adaptación del término de "hiperventilación"

1. Aprender sobre las sensaciones

Cuando sentimos miedo, estamos nerviosos o preocupados, nuestro cuerpo se prepara para la acción. Por eso tenemos muchas sensaciones físicas, que nos servirían para salvarnos de algo realmente peligroso como, por ejemplo, un león en medio de la selva. El problema es que muchas veces nos imaginamos que algo es peligroso (por ejemplo subir a un colectivo) y nuestro cuerpo se prepara como si fuese a enfrentar un peligro real. Veamos algunas de las sensaciones que solemos tener y para que nos sirven.

Sensación física	Utilidad
Late más rápido 	Llevar más sangre a los músculos para prepararse para la acción
Respirar más rápido 	Tener más aire en los pulmones y así, más resistencia
Sensación de falta de aire o no poder respirar 	Al tener tanto aire en los pulmones no se puede incorporar más, pero en realidad es por que están llenos de oxigeno
Mareo 	Puede provocarlo el exceso de aire
Temblor 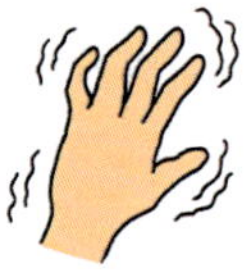	Los músculos se preparan para la acción
Visión borrosa 	Las pupilas se dilatan para ampliar el campo de visión y se pierde la definición

Recordá:

- Estas sensaciones son normales e inofensivas.
- Se dan por muchos motivos, por ejemplo: cuando nos imaginamos que algo malo puede pasar.
- Para averiguarlo podés pedirles a tus conocidos que completen la siguiente encuesta:

¿Alguna vez padeciste una de estas sensaciones físicas? Marcá con una cruz si te pasó:

Sensación	Persona 1	Persona 2	Persona 3	Persona 4	Persona 5	Persona 6	Persona 7
Taquicardia, agitación, palpitaciones							
Mareo							
Sensación de debilidad							
Ver las cosas como si fuera una película							
Visión borrosa							
Hormigueo							
Malestar o dolor en el pecho							
Sensación de falta de aire o dificultad para respirar							
Sudoración							
Náuseas o malestar estomacal							
Escalofrío o sofocación							
Miedo a morir							
Miedo a volverse loco							
Miedo a perder el control							

Cuando nos asustamos de las sensaciones, éstas se intensifican. Para que veas cómo funciona el pánico podés mirar los siguientes dibujos.

Circuito del pánico[4]:

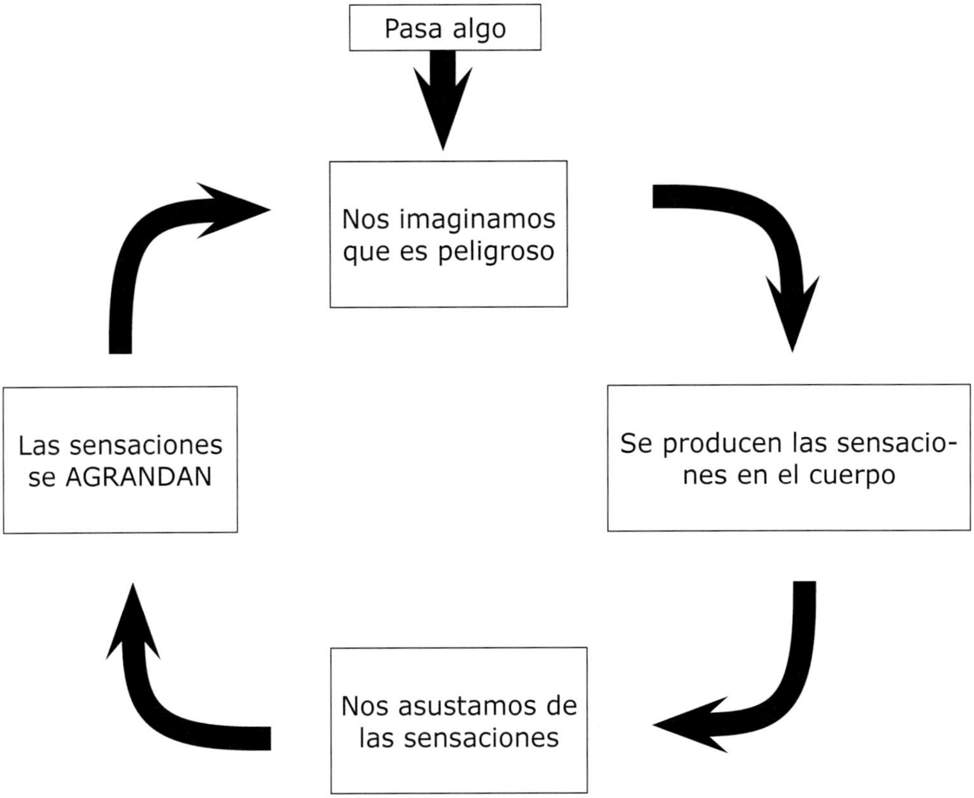

[4] Tomado y modificado de Clark, D. (1986).

El objetivo no es dejar de tener las sensaciones, sino dejar de asustarse de ellas.

Cuanto menos miedo les tengas, menos molestas van a ser.

¿Por qué me siento tan mal?

La respuesta: HIPERVENTILACIÓN.

Se produce porque, al preocuparnos solemos respirar más rápido que de costumbre.

Por respirar tan rápido nuestros pulmones se llenan de oxigeno y eso nos hace sentir:

- mareados
- que no podemos respirar (por que los pulmones ya están llenos y no les entra más aire).
- dolor en el pecho (al inflarse los pulmones aprietan el esternón)

Hay dos tipos de Hiperventilación:

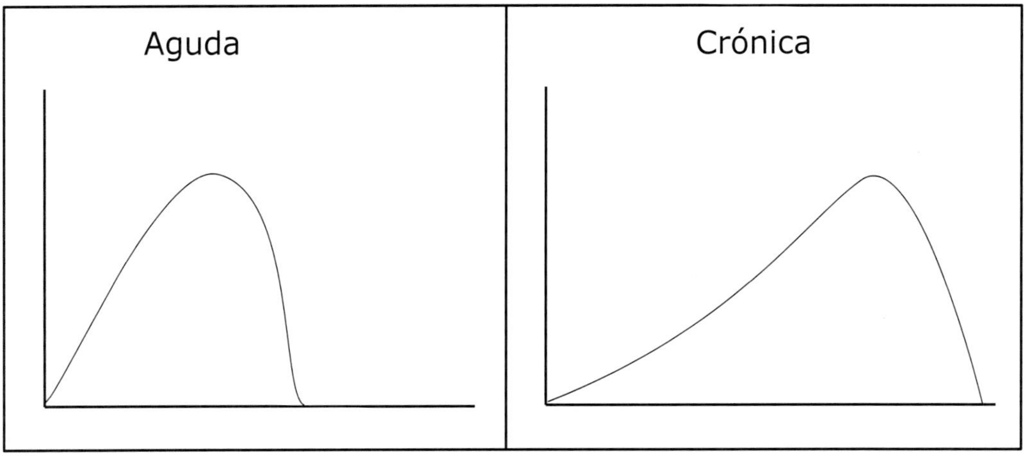

Aguda	Crónica
Respirar muy rápido	Respirar levemente más rápido
En poco tiempo	En mucho tiempo
(podés practicarlo con tu terapeuta)	Ej.: por estar todo un día preocupándote

Para que estas sensaciones no te molesten tanto, seguí los pasos a continuación:

Craske, M. G., & Barlow, D. H. (2001). Panic Disorder and Agoraphobia. In D. H. Barlow (Ed.), Clinical Handbook of Psychological Disorders, Third Edition: A Step-by-Step Treatment Manual. New York: The Guilford Press.

2. Trabajar con los globitos del pensamiento

Buscando pistas a favor y pistas en contra: Las situaciones donde el pánico no provocó catástrofes.

Pensamiento catastrófico	El pánico me va a hacer mal al corazón
Pistas a favor	Pistas en contra
Leí de gente que se murió por estrés	Nunca oí que nadie haya muerto por el pánico
La ansiedad afecta al corazón	El estrés solo afecta el corazón de aquellos que tienen algún problema cardíaco
Un viejo dicho dice que uno puede morirse de un susto	La gente expuesta a gran estrés (como los soldados en el campo de batalla) no muere por ello.
Durante el pánico siento un dolor en el pecho y un hormigueo en la mano	Se que las sensaciones son producto de la ansiedad y esta incluye hormigueo y dolores, pero es un mecanicismo de supervivencia.
La ansiedad provoca el aumento de la presión y eso es perjudicial para el corazón	Cuando hice ejercicio sobre exigí a mi corazón y nada malo pasó y es sabido que el ejercicio hace bien al corazón.

N. de A.: adaptado de Wells, A. (1997). Cognitive Therapy of Anxiety Disorders. A Practice Manual and Conceptual Guide. New York: John Wiley and Sons.

Ficha: Investigando mis pensamientos sobre las sensaciones

Pensamiento Catastrófico:	
Evidencia a favor	Evidencia en contra

Otra opción es comparar los síntomas que vos tenés con los de las enfermedades reales

Contraste de síntomas:

Síntomas de desmayo	Síntomas de pánico
Todo se pone negro	No
Sentir sueño	No
Todo parece ir más lento	No
Sensación de calor	si
Si	Debilidad en las piernas
Si	Las cosas parecen confusas y brillantes
No	Palpitaciones
No	Boca seca

Investigá lo que te está pasando en el **Registro semanal del pánico**

FECHA	SITUACIÓN	Principales sensaciones somáticas o mentales	Pensamiento negativo (interpretación distorsionada)	Respuesta al pensamiento negativo	Número de ataques
Lunes					
Martes					
Miércoles					
Jueves					
Viernes					
Sábado					
Domingo					

Para seguir investigando, también podés ver "las preguntas del cazador" en el capítulo 9.

3. La prueba de la "SÚPER RESPIRACIÓN"

Muchas de las sensaciones que te asustan se deben a que con el miedo respirás más rápido que de costumbre, sin darte cuenta.

Para comprobarlo podés:

- Respirar rápido (como si estuvieras inflando un globo).
- Hacerlo durante un minuto y medio.

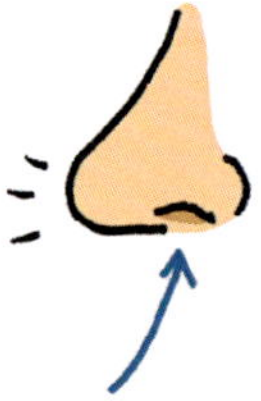

Practicar esto puede servirte para:

- Entender mejor tus sensaciones.
- Perderles el miedo.

4. Respirar en cámara lenta[5]

Como la "Súper Respiración" puede generar sensaciones molestas, a algunos chicos les sirve entrenarse en "Respirar en cámara lenta" para reducir la intensidad de las mismas.

Pasos para practicarla:

Contá hasta cuatro mientras inspirás por la nariz. Contá hasta cuatro mientras espirás por la boca lentamente. Si te cuesta: ¡Contálos con el reloj! Practicar primero sentado. Luego parado o caminando.

Recomendamos

- No respires demasiado profundo, ya que tus pulmones seguramente ya estén llenos de aire.
- Utilizá la respiración en cámara lenta las primeras veces.
- Luego conviene intentar desafiar las sensaciones en lugar de minimizarlas.

[5]N. de A: Botella C. & Ballester R. (1997). Trastorno de pánico: evaluación y tratamiento. Barcelona: Martínez Roca.

5. Exposición interoceptiva

Una buena herramienta para perderles el miedo a las sensaciones es:

Ponerlas a prueba e intentar intensificarlas para comprobar que no pasa nada.

Para hacerlo podes practicar con tu terapeuta algunos de los siguientes ejercicios:

Sensación:	**Ejercicios:**
Falta de aire	Contener la respiración. Aspirar por un sorbete. La "súper-respiración".
Mareo, desmayo	Girar sobre uno mismo. Sacudir la cabeza hacia uno y otro lado. Colocar la cabeza entre tus piernas y levantarla bruscamente.
Palpitaciones	Trotar en el lugar, subir escaleras.
Visión borrosa	Observar una mancha en la pared, un punto fijo.

6. Poner a prueba las sensaciones en donde suelen suceder

Recordá las reglas de oro para "la escalera del valiente". Cuanto más desafíes las sensaciones, más tranquilo te vas a sentir.

Podés, por ejemplo, animarte a que te ocurran los síntomas en los lugares donde aparecieron ultimamente: omnibus, ascensores, conciertos. Siempre animándote a enfrentar, primero la situación más fácil, para luego pasar por otras intermedias hasta llegar a las más difíciles.

7. Dejar de usar las medidas de seguridad

Para asegurarte que le vas ganando al miedo, es muy importante que dejes de tomar las medidas de seguridad con las que solés protegerte. Eso te dará una pauta de cuánto mejoraste.

Si vos solés, por ejemplo, evitar caminar a paso rápido, moverte muy despacito en situaciones estresantes, llevar botellitas de agua por si se te seca la boca o bolsitas de papel para ayudarte a respirar lentamente, es conveniente que vayas abandonando estas "protecciones" una a una. Como siempre, siguiendo las "reglas de oro": empezá por la que te dé menos miedo dejar y avanzá de a poco.

PAUTAS PARA PADRES DE NIÑOS CON ANSIEDAD POR SEPARACIÓN

El objetivo consiste en promover períodos de separación entre el niño y sus padres e ir aumentando la duración de los intervalos. El **RETIRO GRADUAL** de su presencia debe tener en cuenta los siguientes aspectos:

Tiempo:
Mateo tenía 5 años y le costaba estar sin su madre: Mirta. Ella comenzó a retirarse a un lugar cercano por períodos de tiempo cada vez mayores.

Distancia:
Mirta comenzó por retirarse a la habitación contigua hasta lograr visitar a su hermana en las afueras de su ciudad.

Estrategias antimiedo:
Mirta solía dejarle a Mateo sus llaves para que él comprobara que ella no podría irse. Luego resolvió retirarse pero le dejó un teléfono celular para que se comunique, primero cada vez que lo quisiera y luego reduciendo la frecuencia de los llamados.

Relajación:
Los padres entrenaron a Mateo para que al sentirse ansioso se imagine una tortuguita caminando y que respire lentamente a cada paso que diera ella.

Reforzar positivamente cada vez que afronta:
Mirta respondía a cada llamado de Mateo y esto lo tranquilizaba a corto plazo pero mantenía su temor a la separación. Decidió responder con menor frecuencia a sus llamados, hasta hacerlo sólo cuando era necesario y comenzó a premiarlo por cada vez que Mateo se separaba de ella.

Revisar sus propios temores:
Mirta temía que su hijo la odiara o le quedaran secuelas en el futuro si al dejarlo él sufría. Pensaba que la ansiedad y los fuertes llantos podrían ocasionarle algún problema físico. Reflexionar sobre estos temores le permitió tomar las medidas necesarias para que su hijo pudiera crecer en forma autónoma y seguro de sí mismo.

Reducir la intromisión, promover la autonomía.

Mirta asistía a Mateo en las cosas que podía hacer por su propia cuenta, como vestirse, asearse, etc. Se dio cuenta que de éste modo impedía a su hijo aprender que era capaz de auto valerse. Comenzó a promover su autonomía y así Mateo fue ganando confianza en sí mismo.

Reducir la intromisión:

- La intromisión consiste en asistir innecesariamente a los hijos en actividades diarias que ellos solos podrían realizar
- Los niños con ansiedad por separación pueden presentar mayor sintomatología si sus padres se sobre involucran en sus actividades diarias y en su privacidad.
- La intromisión:
  - o Conduce a los niños a actuar inmaduramente.
  - o Limita sus capacidades.
  - o Genera mayor dependencia.

Importante:

Cuanto mayor sea el número de actividades que su hijo pueda realizar por su cuenta, mayor va a ser el grado de confianza que tenga en sí mismo.

El cuidado excesivo de hoy,
puede ser un problema
mañana

N. de A.: ver Wood, J. (2006). Intromisión Parental y Ansiedad por Separación Infantil en una Muestra Clínica. Child Psychiatry Hum Dev 37, 73-87.

FOBIA ESCOLAR[6]

El miedo a la escuela será directamente proporcional al tiempo en que la evite. Cuanto antes se logre la vuelta a la escuela mejor. Suele desencadenarse luego de una ausencia por enfermedad, vacaciones u otros motivos.

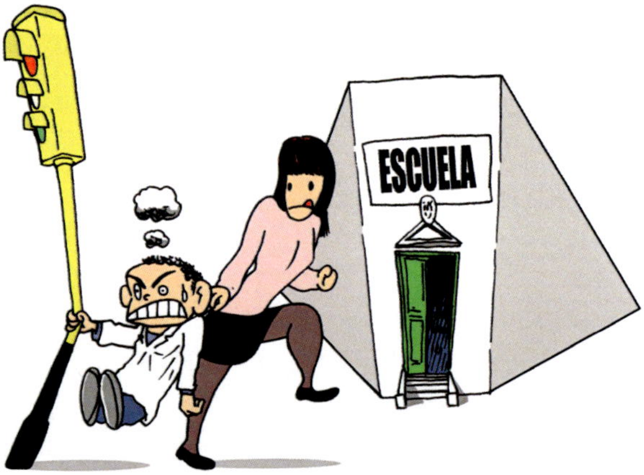

Posibles consecuencias:

Preocupaciones del niño	Preocupaciones de padres y docentes
Evaluación negativa de los compañeros.	Retraso en el aprendizaje.
Contraer enfermedades en la escuela.	Complicaciones en el hogar.
Fracaso escolar.	

Para la reinserción del niño en la escuela se requiere de estrategias diseñadas en conjunto con la escuela, los padres y el niño. Habría dos opciones:

Exposición masiva	Exposición gradual
Resultados más rápidos.	Resultados más seguros.
El malestar puede ser mayor.	El malestar no será tan intenso.
Mayor riesgo de abandono.	Mayor retraso en el aprendizaje.

Se recomienda proponer una vuelta lo más rápido posible, si se encuentran grandes dificultades, ir graduándola. Para los casos graves pueden requerirse:

- Estrategias "antimiedo" (acompañante).
- Mayor jerarquización.
- Exposición imaginaria.

[6] Méndez, F.X., (1998). Miedos y Temores en la infancia. Ayudar a los niños a superarlos. Barcelona: Ediciones Pirámide.

Pautas para el acompañante

Preferentemente padres o hermano mayor.

Se puede sumar un par que modele tranquilidad en la escuela.

Generar emociones placenteras asociadas a situaciones escolares.

Indúzcalo a la práctica de la relajación.

Reforzar las conductas adaptativas (sonrisas, felicitaciones, etc.).

Ignorar los berrinches.

No ridiculizar, retar ni castigar en público.

Pautas para el docente

- Recíbalo espontáneamente.
- No lo interrogue en público a su regreso.
- Comience asignándole actividades placenteras.
- Luego déle tareas escolares sencillas.
- Realice actividades que incluyan los intereses del niño.
- Refuércelo positivamente.

Pautas para el hogar

- Que no goce de beneficios.

Por ejemplo: que no vea TV en el horario que debería estar en la escuela.

- Debe tener más responsabilidades que si estuviera en la escuela.

Por ejemplo: Asignarle tarea escolar extra.

Pautas generales para padres de niños ansiosos

No responda a todas sus preocupaciones.

Refuerce sus actitudes de afrontamiento.

Revise sus propios temores.

No fomente la evitación.

Permita que se equivoque y aprenda de su error.

Promueva que se exponga a las situaciones temidas.

Aliéntelo, no lo rete.

Distinga temores de caprichos.

Empatice con él.

Modele actitudes de afrontamiento.

No lo controle constantemente.

No le alivie cada temor, deje que él lo supere.

CAPITULO 9

COMO GANARLE A LAS OBSESIONES Y COMPULSIONES

¡¡¡Cuando se tilda la compu!!!![1]

Algunos chicos sienten que no pueden dejar de pensar en algo. Están todo el tiempo con una misma idea en la cabeza y los hace sentir mal. No quieren pensar en eso pero no pueden evitarlo.

Estas ideas se llaman: Obsesiones.

Los chicos lo describen como:

> "Se les tildó la compu y no pueden pasar a otros pensamientos", "como que tienen el pájaro loco en la cabeza y les golpetea todo el tiempo" o "que tienen un hipo mental, que les viene de golpe y les cuesta controlar".

Cuando les pasa esto, se sienten obligados a hacer distintas cosas. Algunos repiten una y otra vez ciertas acciones, por ejemplo: abrir y cerrar cajones. Otros tienen que contar hasta cierto número muchas veces, o no pueden tocar distintos objetos por miedo a contagiarse o, se lavan todo el tiempo, etc. Estas acciones se llaman compulsiones o rituales.

Muchas veces hacen esto sin saber por qué, otras porque piensan que si no lo hicieran les podría pasar algo malo a sus seres queridos.

A pesar de que pueden pensar que es ridículo, no pueden dejar de hacerlo.

Luego de un tiempo ésto puede provocarte problemas con tu familia, con el colegio o tus amigos. Llegás a sentirte atado a algo que te molesta mucho, te quita las ganas y la esperanza, como le pasa a la chica de 16 años que escribio el poema de la página siguiente:

[1]N. de A.: Se presenta una breve síntesis del trastorno obsesivo compulsivo infantil. Para complementar ver: March J. y Mulle, K. (1998). OCD in children and adolescents. New York: Guilford Press.

El cielo se torna azul oscuro
La noche cae inevitablemente
Mi espíritu se doblega
Y las obsesiones se apoderan de mi mente.

Marchando con paso firme
Me dirijo a mi perdición
Como un soldado obediente
a cumplir con mi misión

Realizar rituales bizarros
Seguir paso a paso la rutina
Tormentosos actos insanos
que nadie ni siquiera imagina.

Las puertas del infierno
se cierran detrás de mí
y en ellas se lee la leyenda:
"Abandone toda esperanza
aquel que entre aquí."

Cuándo esto pasa.
¿Qué se puede hacer?

La caja de herramientas para combatir el problema

1. Entender bien de que se trata.
2. Ponerle un nombre al problema.
3. Decidirse a trabajar junto con tu terapeuta para combatirlo.
4. Hacer un mapa donde incluyas las situaciones donde vos le ganas al problema, aquellas donde la pelea es pareja, y por último, las situaciones donde gana el problema.
5. Saber hablarle cuando aparece.
6. Comenzar a enfrentar las obsesiones sin hacer los rituales, desde las más fáciles hasta las más complejas.

A continuación te explicamos una a una las herramientas.

1. ¿De qué se trata?

Esta es una forma sencilla de explicar como funciona[2]:

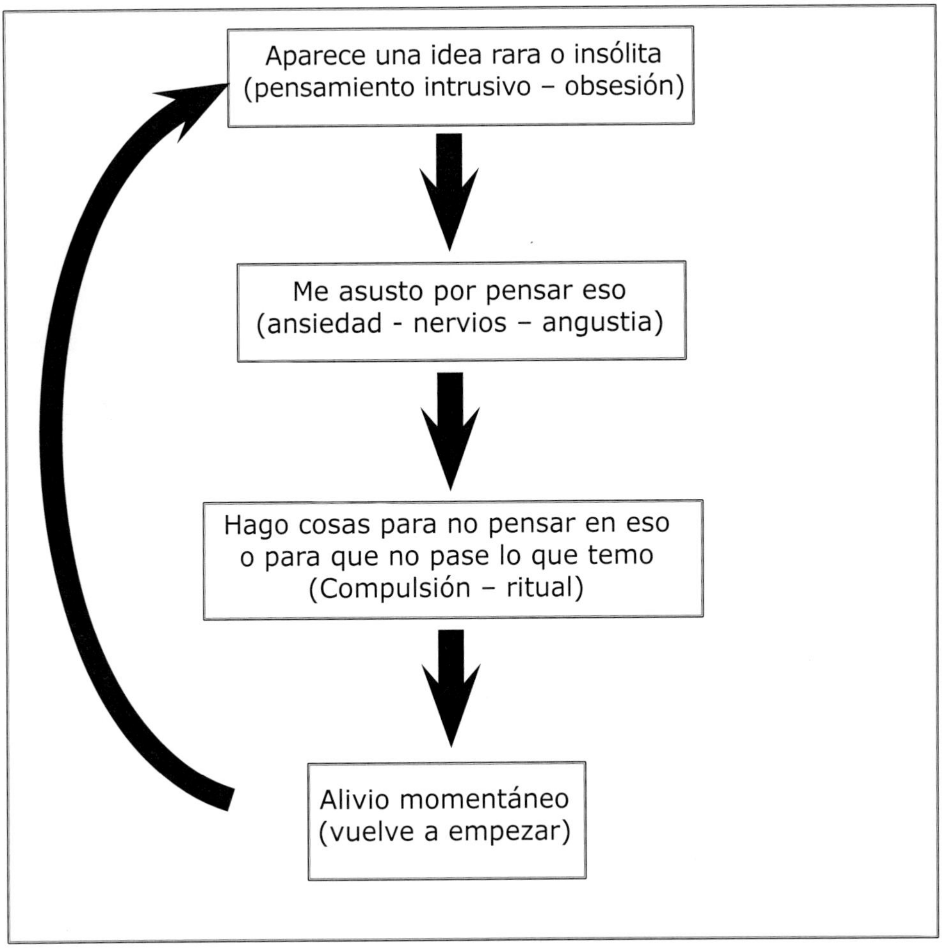

Las obsesiones y las compulsiones se mantienen entre ellas. Mirá este gráfico:

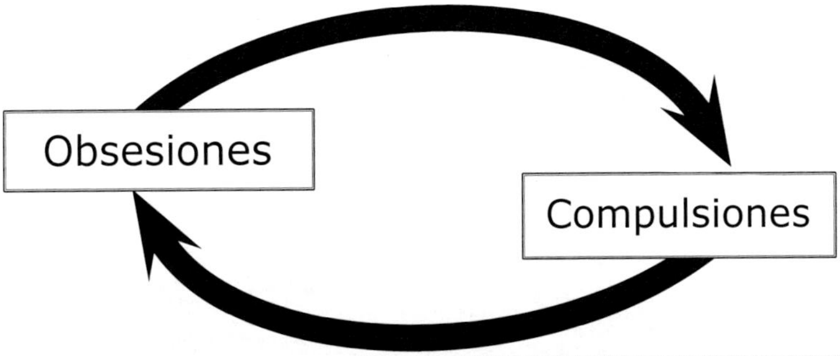

[2]N.de A: Ver las curvas del miedo. Para complementar la conceptualización del T.O.C ver: Foa, E. & Wilson R. (1991). Venza sus obsesiones. Barcelona: Ediciones Robinbook.

Algunas obsesiones y compulsiones típicas son:

OBSESIONES	**COMPULSIONES**
Contaminación: "¿Y si me contagio una enfermedad?"	Lavarse todo el tiempo. Ducharse siempre en el mismo orden. 
Agresivas: "¿Y si apuñalo a alguien?" 	No tocar ciertas cosas. No pisar las baldosas. Alejarse de los objetos filosos.
Orden: necesidad de tener todo perfectamente ordenado o simétrico.	Ordenar simétricamente o de a pares. 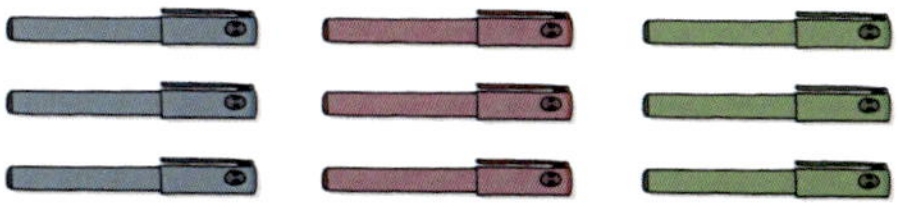
Acumulación: miedo a tirar las cosas	Guardar muchas cosas "por si las necesito". Acumular cosas insólitas.
Religiosos: preocuparse por cosas de la religión. 	Repetir rituales.
Sexuales: pensamientos sexuales molestos.	Evitar cosas relacionadas a lo sexual.
Pensar que hay números buenos o malos.	Contar todo el tiempo de alguna manera especial.
Dudas: "¿Apagué las luces?" "¿Cerré con llave la puerta?" **?**	Chequear muchas veces.

2. Ponerle nombre al problema

A partir de ahora se va a llamar:

....

....

Nombres que usaron algunos chicos:

La molestia.

Cenicienta (por un virus de las computadoras).

El asco.

La vocecita.

¡¡¡¡¡Aprovechá para divertirte un rato y pensá en algún nombre original!!!!!!

¿Estás dispuesto a darle pelea?

....

¡Ahora te toca hacer el mapa para las batallas!

3. Mapa del problema, con las situaciones en las que:

Gano yo | Mitad y mitad | Gana él

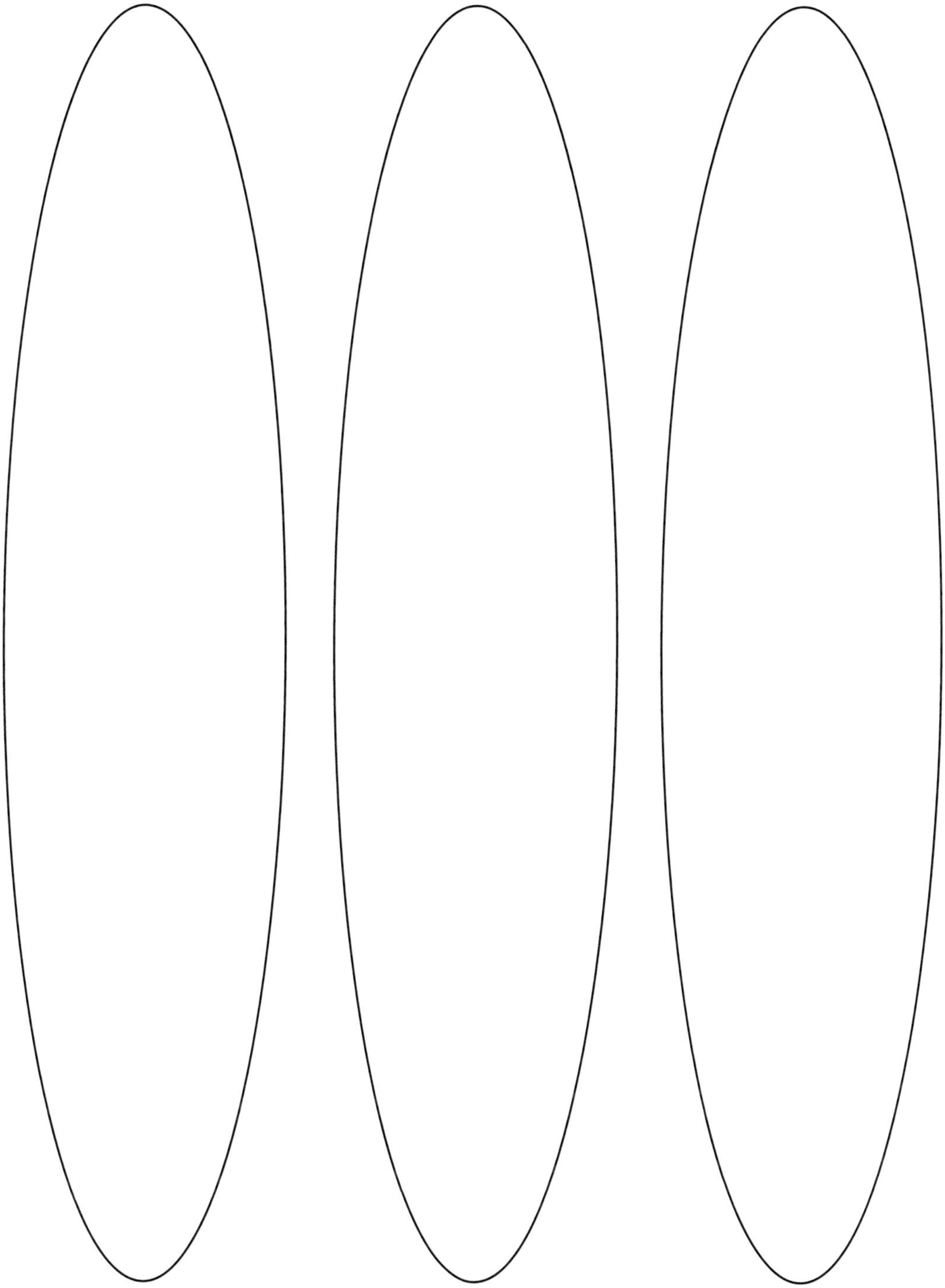

¿Por qué me asusto de los pensamientos?

Fusión pensamiento acción (probabilidad)

Creer que si pienso en algo malo, eso puede pasar[3] (agrandar los peligros):

A Martina (12 años) se le ocurre que su padre puede tener un accidente con el auto. Teme que pase debido a que ella lo pensó. Entonces lo llama varias veces al día para comprobar que no le haya pasado nada.

Fusión pensamiento acción (moral)[4]

Pensar que si se me cruza un pensamiento "malo" entonces sería una mala persona.

Rosana (16 años) se imaginó que empujaba a una viejita por la calle. Está convencida de que es una mala persona por eso, y se pone nerviosa al ver a un policia, porque teme que la lleven presa.

Responsabilidad

Creer en la idea de que si algo malo sucede será mi responsabilidad:

Ramiro (12 años) cree que si su hermana come algo que no está en buen estado se puede intoxicar por culpa de él.

Perfeccionismo

Tomarse muy en serio la idea de que las cosas tienen que estar perfectas para que no sucedan eventos negativos.

Valeria (15 años) piensa que si los adornos no están puestos en fila se pone ansiosa y puede descontrolarse.

[3]N. de A.: Ver concepto de Fusión Pensamiento Acción desarrollado por Rachmann, S. (1978).
[4]N. de A.: Ver Rodríguez Biglieri, R., Vetere, G., Bunge, E. & Keegan, E. (2005). Resultado preliminar de la aplicación de la escala fusión pensamiento acción. Memorias de la XII Jornada de Investigación, Facultad de Psicología U.B.A.

Algunas aclaraciones importantes

1. Todos tenemos pensamientos "intrusos".
No podemos controlar las cosas que se nos cruzan por la cabeza. Es común que se nos crucen pensamientos con los que no estamos de acuerdo. Se llaman pensamientos intrusivos.

Para comprobarlo preguntale a tus conocidos si les pasa.

2. Si intentamos no tenerlos seguramente van a volver a aparecer.

Para comprobarlo proponete no pensar en algo durante todo el día y fijate cuantas veces lo pensas.

3. Si intentas controlar tus pensamientos posiblemente los tengas cada vez más.

Para averiguarlo dividí una hoja en dos columnas y durante un día controlá al máximo ese pensamiento. Cada vez que aparece poné un tilde en la primer columna. Al día siguiente simplemente deja que pase cuando quiera y anotá en la segunda columna.

Cuándo controlo el pensamiento	Cuándo no lo intento controlar

¿Qué día lo pensaste más?

4. El pensamiento no tiene poder. Ni para lo bueno, ni para lo malo. Que piense que sé tocar el piano, no significa que sepa hacerlo.

Para averiguarlo:
   1. Pensá durante mucho tiempo en algo bueno, por ejemplo: "me voy a ganar la lotería" (si ganás acordate de nosotros, jajaja).
   2. Ahora ponelo a prueba pensando en algo malo.

5. Los rituales tampoco tienen poder. Si las cosas cambian o no, no depende de nuestros rituales.

Para averiguarlo vas a tener que hacer algunos ejercicios especiales. Cuando estés listo te los van a explicar.

5. Como hablarle al problema[5]

Las técnicas son tres:

Palabras de aliento

Ver las ideas claramente

Tomar distancia

Palabras de aliento:

Recordá todos los recursos que tenés para hacerle frente.

Hablale como si fuera alguien que te hace pensar o hacer determinadas cosas.

Ejemplo: "NO ME VAS A GANAR, ES SOLO UN LÁPIZ FUERA DE LUGAR"

Ver las cosas claramente[6]:

Tratá de ver claramente si estas:

Sobreestimando la importancia de los pensamientos.

Exagerando tu responsabilidad sobre lo que pasa.

Agrandando los peligros.

Dándole demasiada importancia a que las cosas estén perfectas.

Ejemplo: "SI CHOCA NO ES POR LO QUE YO PIENSE"

Tomar distancia:

Podés decirte a vos mismo:

- "Volvió a aparecer ... (como llames a tus obsesiones)"
- "Mi cabeza está trabada de vuelta"
- "Son sólo pensamientos que no tienen importancia"

[5]N. de A: Para una comprensión más acabada de estas técnicas ver: Tomás, J., Bassas, N. & Casas M. (2005). Tratamiento cognitivo conductual de los trastornos obsesivos compulsivos en paidopsiquiatría. Barcelona: Alertes S.A.

[6]N. de A.: "Ver las cosas claramente se utiliza como sinónimo de reestructuración cognitiva".

6. Enfrentando las obsesiones

La clave para superarlas es:

ENFRENTAR la obsesión,
sin hacer el RITUAL.

Algunas pautas que te pueden ayudar son:

- Repasar las curvas del miedo y las curvas del valiente.
- Repasar la escalera del valiente.
- Empezar por las más fáciles y luego subir a las difíciles.
- Seguramente tengas muchas ganas de hacer el ritual. Al principio esas ganas y ansiedad van a aumentar. Pero si aguantás el tiempo suficiente van a disminuir. Este es el único modo de perder el miedo.
- Repasar las reglas de oro para las escaleras.

Te recomendamos que no uses las técnicas de relajación. Si lo haces no podrás comprobar cómo la ansiedad baja sola.

Para medir la ansiedad durante la exposición

Mientras enfrentas tus obsesiones sin hacer el ritual te sugerimos que vayas anotando en la siguiente grilla cuanta ansiedad experimentas para que observes cómo evoluciona la misma. Recuerda que la ansiedad suele subir al comienzo y luego desciende.

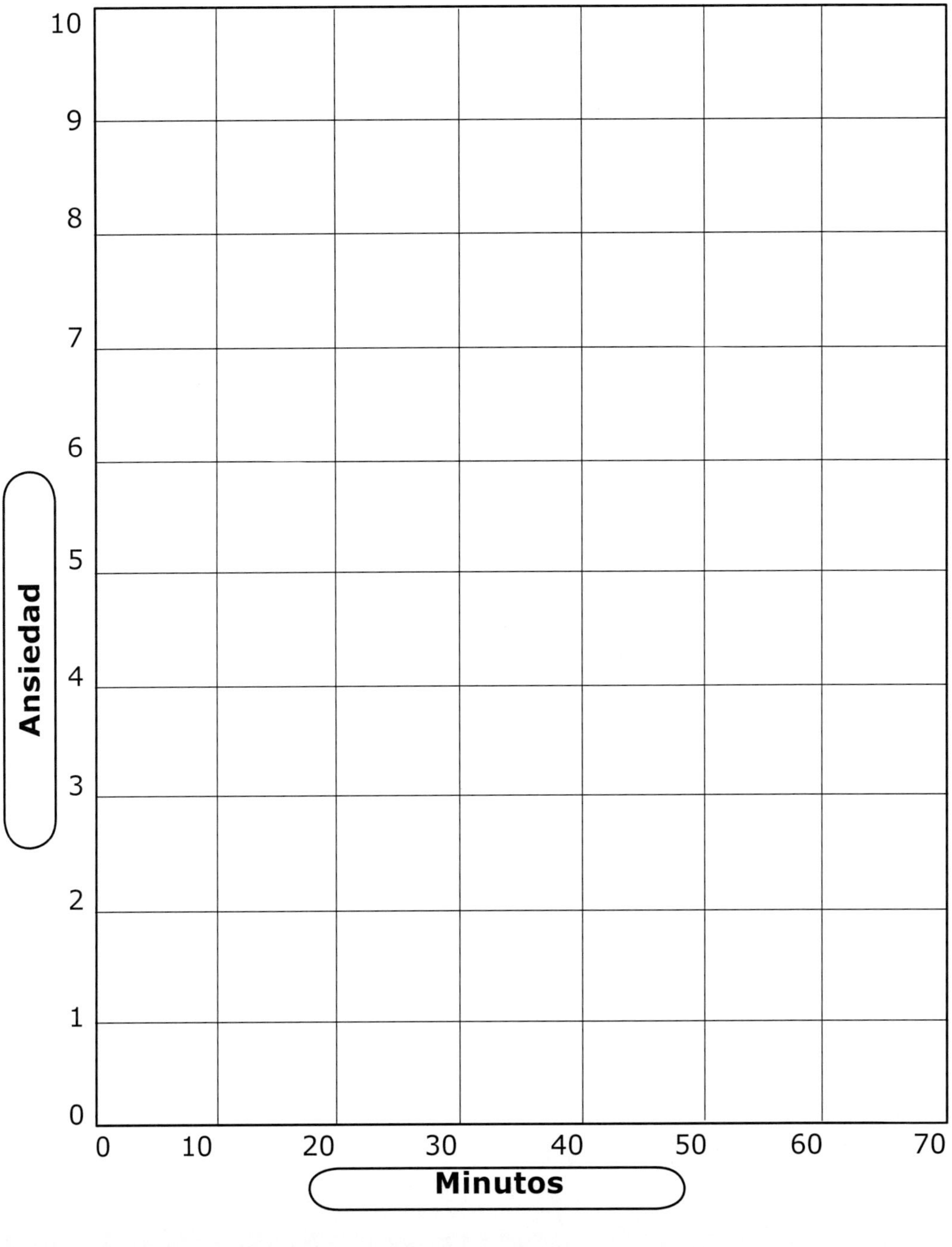

Ayuda memoria

Para que recuerdes, 3 estrategias para ganarle al TOC son:

no hacerlo

hacer lo contrario

hacerlo más tarde

Una buena forma de recordar qué te conviene hacer cuando el TOC empieza a molestar es usar la palabra R.I.D.E*.

R.:	Renombrarlo	"no soy yo, es el TOC"
I.:	Insistir (en tener el control)	"yo voy a decidir que hacer no el TOC"
D.:	Desafiarlo	"Hacer lo contrario que me pide el TOC"
E.:	Éxito	"Disfrutar la victoria sobre el TOC"

Wagner, A. P. (2003). Cognitive-Behavioral Therapy for Children and Adolescents with Obsessive-Compulsive Disorder. Brief Treatment and Crisis Intervention, 3, 291–306.

Situaciones en que le gané al TOC

Frecuentemente nos vemos obligados a enfrentar los miedos y dejamos de hacer las cosas que nos indica el TOC. Puede servirte mucho darte cuenta de todas las veces que lo lograste.

Te mostramos un ejemplo:

	Lunes	Martes	Miércoles	Jueves	Viernes	Sábado
Hoy me expuse a...	No retrocedí cuando caminaba	Estaba cansado. No me lavé las manos y no pasó nada malo.	Pisé una raya en la vereda y el día fue tranquilo. y sigo sano.	Cerré la puerta sin repetir.	No controlé la mochila y no me olvidé nada.	Estaba apurado y no verifiqué si había alfileres en el asiento. No me pinché.

Ficha: Veces que le gané al TOC

	Lunes	Martes	Miércoles	Jueves	Viernes	Sábado	Domingo
Hoy me expuse a...							

Importante:

Enfrentar las obsesiones sin hacer los rituales puede ser muy difícil. Por eso algunos chicos se cansan y quieren abandonar. Es importante que sepas que si bien cuesta, tiene sus beneficios.

Para que lo veas te mostramos lo que escribió un adolescente de 14 años acerca del tratamiento.

Yo tuve un problema de obsesiones. Me sentía muy mal, de uno a 10 me molestaba 9.75. Me aislaba del mundo, no podía mirar tele porque por cualquier cosa me saltaban las ideas. No sabía qué hacer hasta que comencé el tratamiento.

Empecé con exposiciones imaginarias. Con solo pensarlo me subía muchísimo la ansiedad. Al principio la pasé muy feo, pero después de un rato me sentí mejor. Luego fui escalando en las exposiciones hasta pasar a las dos más fuertes. Me tuve que grabar varias en el mp3 y hacerlas solo en mi casa. Después tuve que hacerlo con fotos y videos, y ya que mi miedo tenía que ver con los insectos tuve que ir con mi terapeuta a una plaza.

Ahora, después de 5 meses de tratamiento las obsesiones me molestan entre 0.75-1.5 como mucho. Miro para atrás y me doy cuenta que me costó muchísimo, pero ahora veo que los beneficios que deja el tratamiento son muchos más que los problemas que me ocasionaba. Por ejemplo, ya no me aíslo del mundo, me siento muy bien y estoy contento.

En muchas partes del tratamiento me dieron ganas de dejarlo, pero pensé que si seguía iba a estar mucho mejor, y lo logré.

Marcelo

Pautas para padres de niños con TOC[7]

- El TOC es el problema, no su hijo/a.
- El terapeuta será como un entrenador para su hijo/a.
- En vez de darle consejos al niño, anímelo.
- Cuanto más sepa sobre el TOC mejor.
- Utilice la caja de herramientas.
- Puede hablar con el TOC.
- Recompense cada intento de afrontamiento de su hijo/a.
- No ayude nunca al TOC.
- Motive a su hijo/a para resistir.

[7] Subirá Mendez, D., LLopart Capdevila, O., Grisales Valencia, A., Bassas Bolívar, N., & Tomás Vilaltella, J. (2003). Estrategias terapéuticas en el tratamiento del TOC infanto-juvenil: aspectos psicosociales. AN. PSIQUIATRIA (Madrid), 19(9), 385-391.

Ayuda memoria: la clave para recordar qué hacer es la palabra

RALLY*

R:	Reconozca al TOC. PONGALO EN PERSPECTIVA
A:	Alíese con su hijo, no con el TOC
L:	Logre estimularlo a que se exponga
L:	"Let it go" (dejarlo ir) para que pueda aprender por sí mismo
Y:	¡Yes! ¡(Si), lo hiciste! Reconózcalo y refuercelo

Ejemplo

R:	¿Sos vos o el TOC que te dice que no está tan limpio?
A:	¿Qué puedo hacer para ayudarte a parar al TOC?
L:	¿Podés intentar desafiarlo? Acordate que pasa si te quedas pegada a esto.
L:	Si limpio estoy ayudando al TOC no a vos. Así que quiero dejarte solo para que lo enfrentes
Y:	¡Muy bien! Le ganaste. Festejemos...

¿Cómo podría hacerlo con su hijo?

R: ______________________________

A: ______________________________

L: ______________________________

L: ______________________________

Y: ______________________________

Wagner, A. P. (2003). Cognitive-Behavioral Therapy for Children and Adolescents with Obsessive-Compulsive Disorder. Brief Treatment and Crisis Intervention, 3, 291–306.

CAPITULO 10

ESTADO DE ÁNIMO

¿Por qué me siento así?[1]

Sentirse deprimido o bajoneado es algo que le pasa a muchas personas y puede influir en diversas áreas de nuestra vida.

Nuestro humor: podemos estar tristes, de mal humor, que todo nos molesta e irrita, que no aguantemos a nadie, etc.

Nuestra energía: estamos más cansados, todo nos da fiaca, podemos tener sueño o, al revés, no poder dormir, tener más hambre o no querer comer.

Nuestros pensamientos: nos puede costar más concentrarnos, elegir que hacer (no se nos ocurre nada), muchas cosas nos parecen aburridas, comenzamos a pensar que todo es una porquería o que nosotros mismos no valemos nada, que nada va a mejorar.

Nuestra conducta: dejamos de hacer las cosas que hacíamos y cada vez hacemos menos, pasamos más tiempo tirados en la cama o en el sillón, mirando tele, etc.

Nuestras relaciones: nos peleamos más en casa, cada vez compartimos menos tiempo con nuestros amigos.

Nuestro rendimiento en el cole: nos cuesta estudiar, no tenemos ganas de ir, no nos importa que nos vaya mal o estamos seguros de que no nos puede ir bien.

Pensamiento – Emoción – Conducta

Para recordar:

Cuando estamos deprimidos nuestro pensamiento se vuelve muy negativo. Vemos todo con anteojos oscuros. Sobre todo:

- Lo que nos pasa alrededor
- Nuestro futuro
- Y a nosotros mismos

[1]Ver: Shaffer, D. & Waslick, D. (2000). Las Múltiples caras de la Depresión en niños y adolescentes. Barcelona: Ars Medica.

¿Por qué nos deprimimos?

En nuestra vida, podemos enfrentarnos a situaciones difíciles como:

- la perdida de un ser querido.
- la separación de nuestros padres.
- una pelea con amigos/as, novios/as.
- bajas notas en el colegio, peleas en nuestra casa, etc.

Estas cosas, nos ponen **naturalmente tristes**. Pero la tristeza ocasional podría transformarse en un problema (hacerse muy intensa y durar mucho) si la afrontamos en forma equivocada, y llevarnos a:

- Dejar de hacer cosas que nos gustan y/o nos hacen sentir exitosos;
- aislarnos de nuestros amigos y otra gente que nos quiere.

Mirá este círculo vicioso:

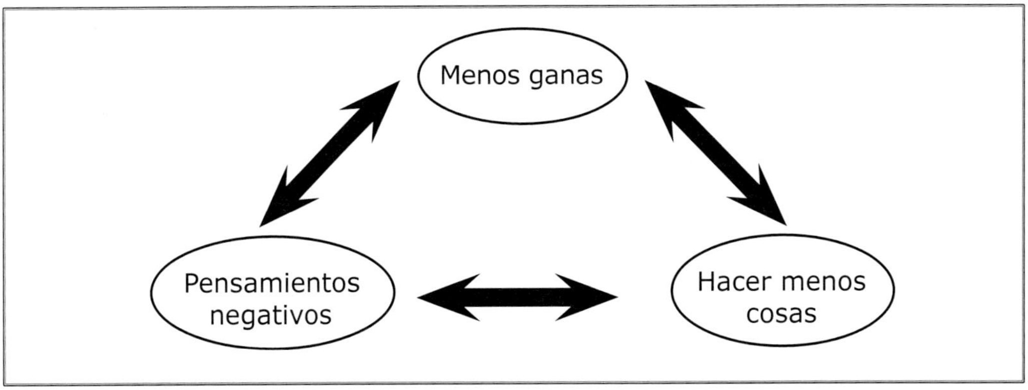

¡¡¡¡Este es un problema que se puede combatir!!!!

A continuación te mostramos como.

Haciendo fierros con la tristeza

¿Sabías que una forma para combatir la tristeza es hacer cosas agradables y que nos gusten?

El problema es que cuando estuvimos tristes algún tiempo, nos cuesta más hacer las cosas. El estado de ánimo es como un músculo que pierde la costumbre. Por eso, la idea es volver a hacer de a poquito esas cosas que nos hacen sentir exitosos o alegres: visitar a un amigo o jugar un partido, y anotar como cambia nuestro estado de ánimo a medida que recobramos la práctica.

Es como cuando vas por primera vez a un gimnasio. Levantás poco peso, y al otro día te duele todo. Pero de a poco, con práctica, las cosas resultan más fáciles y podés levantar más peso, o el mismo con menor esfuerzo.

Ampliando la vista

Cuando estamos bajoneados, nos cuesta ver las cosas buenas que nos pasan. Para que puedas ir acostumbrándote a ver todo lo que te sucede y no sólo lo que no te gusta o te hace sentir mal, te aconsejamos que registres en la planilla las cosas positivas que te pasan en el día.

	Lunes	Martes	Miércoles	Jueves	Viernes	Sábado	Domingo
Semana 1							
Semana 2							
Semana 3							
Semana 4							

Los espirales

Cuando empezás a hacer fierros con la tristeza suele pasar que de a poquito te vas sintiendo cada vez mejor. Si no, mirá lo que le pasó a un chico parecido a vos:

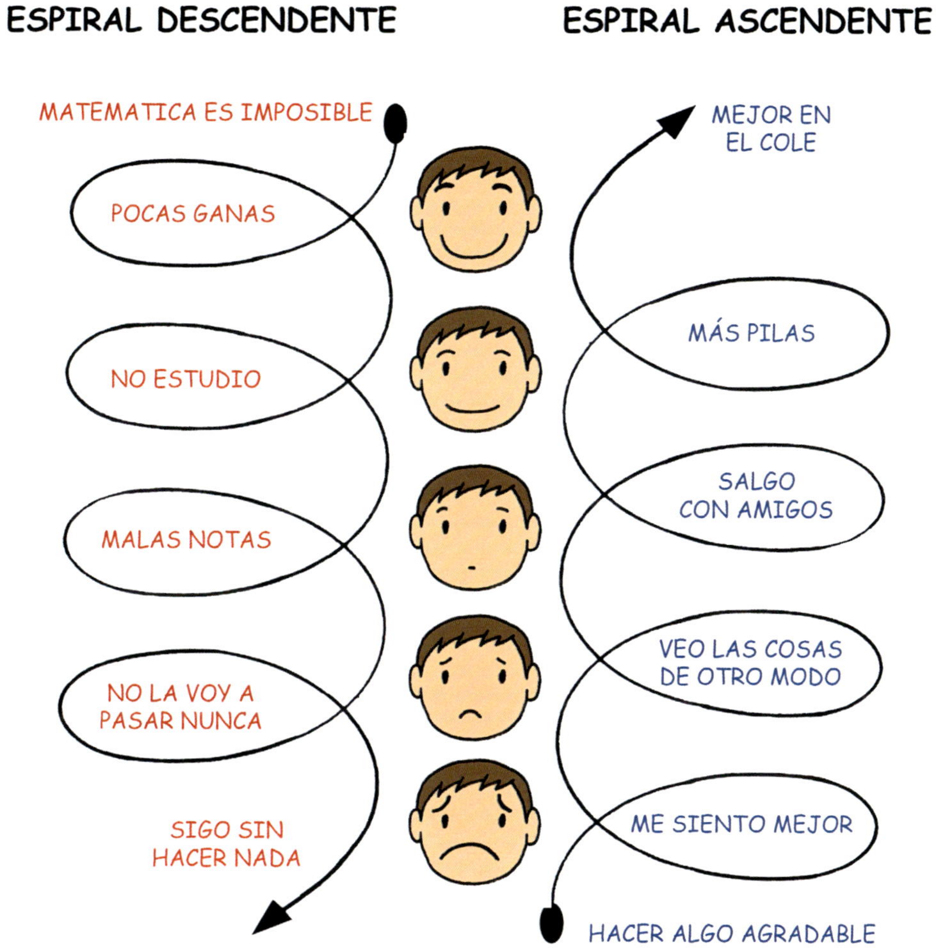

Ficha: espirales

¿Te animás a completar los dos espirales con cosas que te hayan pasado a vos?

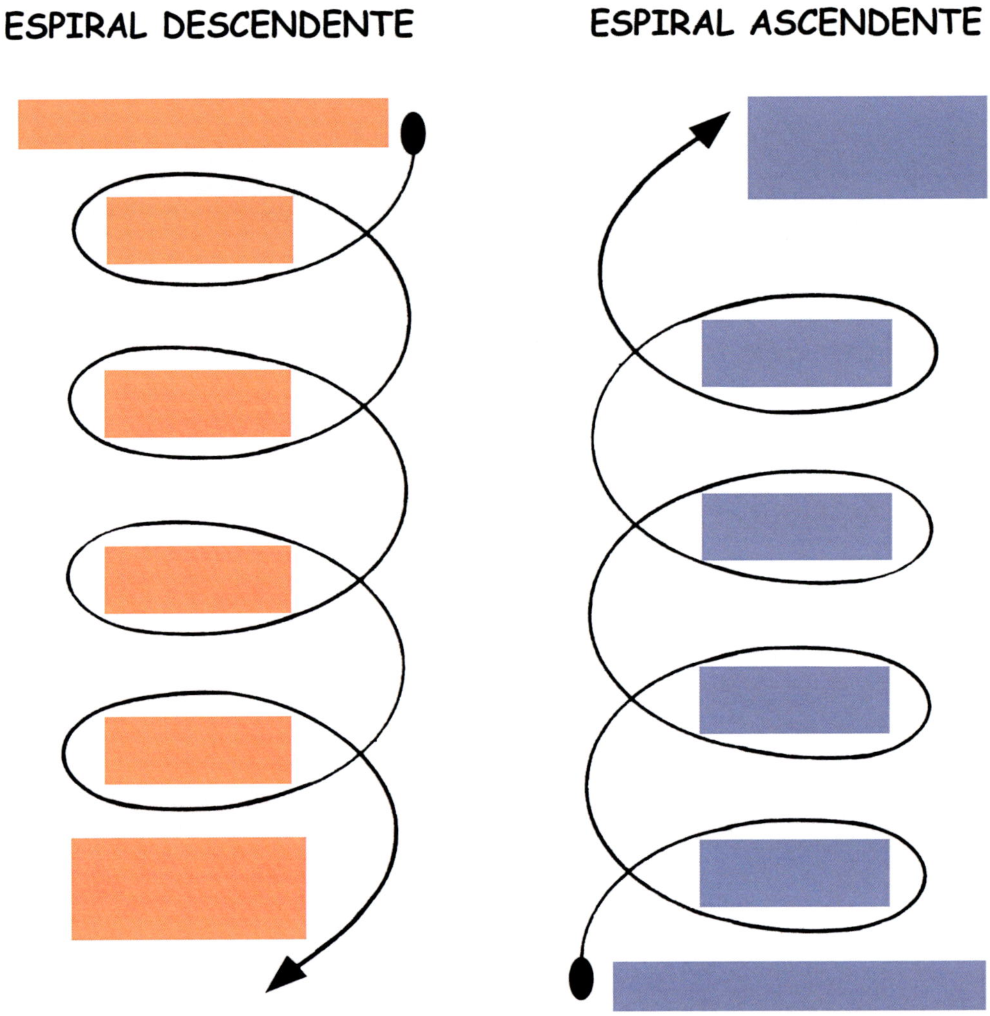

Actividades placenteras

¿Cuántas cosas hizo el gato este día? ....

Si vos hicieras lo mismo que él ¿cómo te sentirías? ....

Para que no te pase lo que le pasa al gato y tus días no sean "Fofos", anotá a continuación todas las cosas que podés hacer durante el día para sentirte mejor y empezar el espiral ascendente:

1. ....
2. ....
3. ....
4. ....
5. ....
6. ....
7. ....
8. ....
9. ....
10. ....

Recordá:

No esperes a que vengan las ganas para hacer las cosas. Hacé las cosas para que vengan las ganas.

Ficha: termómetro del ánimo

Para que puedas controlar tu estado de ánimo es muy importante que seas consciente de cómo te sentís. A continuación te damos un termómetro para que completes los distintos niveles de intensidad de tus emociones.

1 equivale a sentirse muy bien y 10 equivale a la "zona de peligro" que es, "lo peor que me puedo sentir"

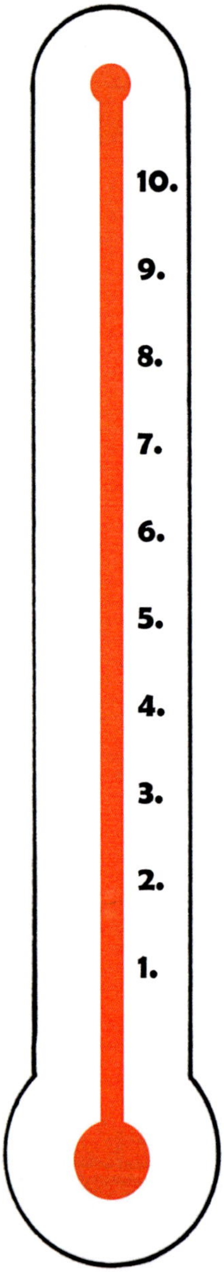

10. ....

9. ....

8. ....

7. ....

6. ....

5. ....

4. ....

3. ....

2. ....

1. ....

Ficha: relación entre actividades placenteras y estado de ánimo[1]

Te vamos a pedir que al final de cada día dediques 1 minuto a pensar y anotar en esta planilla cuantas cosas hiciste y como te sentiste (utilizá el termómetro para medir como te sentiste). El ánimo podés pintarlo con el color que corresponde.

Día	Lunes	Martes	Miércoles	Jueves	Viernes	Sábado	Domingo
Actividades	=........	=........	=........	=........	=........	=........	=........
Ánimo	=........	=........	=........	=........	=........	=........	=........
Actividades	=........	=........	=........	=........	=........	=........	=........
Ánimo	=........	=........	=........	=........	=........	=........	=........
Actividades	=........	=........	=........	=........	=........	=........	=........
Ánimo	=........	=........	=........	=........	=........	=........	=........
Actividades	=........	=........	=........	=........	=........	=........	=........
Ánimo	=........	=........	=........	=........	=........	=........	=........
Actividades	=........	=........	=........	=........	=........	=........	=........
Ánimo	=........	=........	=........	=........	=........	=........	=........
Actividades	=........	=........	=........	=........	=........	=........	=........
Ánimo	=........	=........	=........	=........	=........	=........	=........
Actividades	=........	=........	=........	=........	=........	=........	=........
Ánimo	=........	=........	=........	=........	=........	=........	=........

Tratá de pensar, viendo los resultados: ¿coincide la cantidad de cosas agradables que hacés con un mejor estado de ánimo? ¿Qué cosas te producen mejoría? ¿Qué actividades no tienen tanto efecto?

Trata de evaluarlo a la noche para hacer un balance general.

Y al día siguiente ¡seguí ejercitando los músculos para ganarle a la tristeza!

[1]Adaptado de N. de A: Clarke, P., Lewinsohn, H. & Hops, J. (1990). Adolescent Coping With Depression Course. Eugene: Castalia Publishing Company.

Ficha: gráfico de relación entre estado de ánimo y actividades

Ya que completaste la ficha anterior, ahora queremos que completes el gráfico para que veas cómo se relacionan las cosas que hacés con lo que sentís.

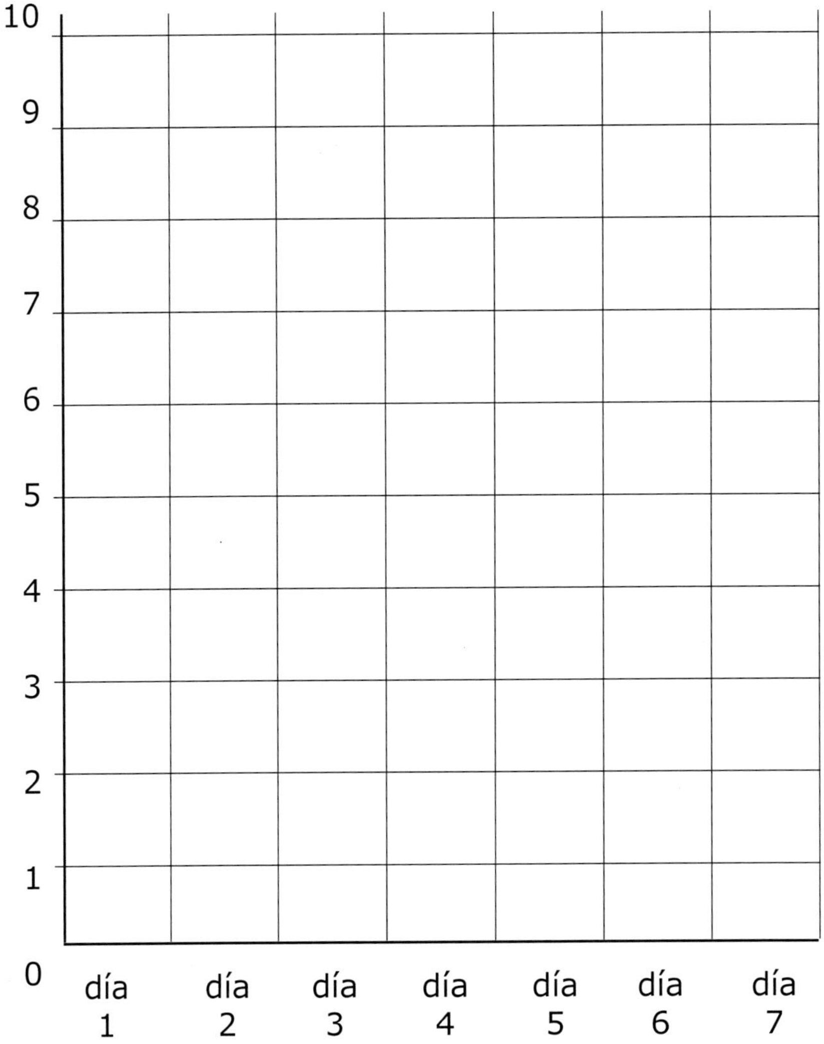

Cada vez que estamos tristes, hacer algo que nos gusta nos ayuda a sentirnos mejor. La super detective Clara "Vetodoclarisimo" te ayuda a investigar qué cosas mejoran tu estado de ánimo. Anotá en la planilla a continuación que actividades realizaste en el día y debajo poneles un puntaje de acuerdo a cómo te sentiste haciéndolas (1= muy triste, 10 = super contenta).

	Lunes	Martes	Miércoles	Jueves	Viernes	Sábado	Domingo
 Cosas que hice							
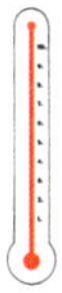 Cómo me sentí (1-10)							

N. de los A.: Este ejercicio está especialmente dirigido a niñas de 6 a 9 años aprox.

Dificultad para "Arrancar"[1]

Cuando estamos tristes nos cuesta comenzar a hacer las cosas, tenemos una tendencia a no hacer nada. Para superar eso te proponemos que pienses en lo siguiente:

¿CUÁNTAS GANAS TE DARÍA SUBIR UNA MONTAÑA COMO ESTA?

En cambio:

¿UNA MONTAÑA MÁS CHICA? **¿Y OTRA CHIQUITA?** **¿Y ESTA OTRA?**

¿Cuál te da más fiaca, la grande o la chiquita?

....

[1] Ver: Burns, D. (2005). Sentirse Bien. Buenos Aires: Paidós.

El primer paso suele ser el más difícil.

Cuanto más chico es tu objetivo, más fácil es comenzar.

Una vez que arrancaste, podés seguir con otro objetivo chico.

Muchas metas pequeñas son lo mismo que una grande.

De a poquito todas suman y además vas tomando envión.

La clave es:

- DIVIDIR las tareas en pequeños pasos.
- ADECUAR las expectativas.
- No pretender todo ya.

Intentá aplicar esta idea a las cosas que te estén costando hacer (por ejemplo: las tareas del cole, salir con amigos) y después contanos como te resultó.

Ficha: Estrategias para "arrancar"

¿Cuál sería para vos una montaña grande y difícil de escalar?

....

....

....

....

¿Cómo lo podrías dividir en pequeños pasos?

Otra forma de entenderlo es la siguiente:

Estudiar todo esto junto
de una sola vez,
me da mucha fiaca.

En cambio,
si voy de a una por vez,
me va a resultar más fácil.

La rueda de los pensamientos negativos

Por qué "SI" es imposible	Por qué "NO" es imposible
Los últimos tres años me la llevé a marzo	Antes de eso aunque me costaba, pasaba. En marzo aprobé un examen más difícil que el que toman durante el año. Millones de chicos pasan, por que no voy a poder yo. Las veces que me la llevé no había estudiado mucho. Si fuese imposible nadie la pasaría

Ficha: Por qué SI, por qué NO

Para que lo pienses con tus propios ejemplos.

Por qué es imposible	Por qué es posible

Estacas mentales

Frecuentemente estas ideas nos impiden cambiar lo que nos pasa. Como lo que le sucedió a este elefante:

Cuando era chico lo ataron a una estaca. Como no tenía mucha fuerza se convenció de que no podía librarse y dejó de intentar

Años más tarde ya había crecido y la estaca era muy chiquita al lado suyo, pero él seguía convencido de que no podía librarse a pesar de que ahora era más fuerte

¿Qué le dirías al elefante?

....

....

Poner a prueba tus pensamientos
te puede permitir descubrir muchas cosas nuevas
de vos mismo.

Ejercicios para combatir la tristeza: el buen detective y el mal detective[1]

Cuando al mal detective lo llaman para resolver un caso, se basa en dos o tres casos anteriores, en algo que le contaron o en algo que vio en la tele para sacar sus conclusiones. Piensa apresuradamente y de esta forma no resuelve nada.

Un buen detective aprende a buscar evidencias para sacar conclusiones sobre un caso. Pruebas a favor y en contra. También busca varias alternativas para resolverlo. Pudo haber sido el mayordomo, pero no hay que descartar al socio o la novia enojada.

También tiene mucho cuidado en donde pone la lupa. De acuerdo a como miramos las cosas, podemos sacar diferentes conclusiones. Por eso, conviene enfocar bien, poner la lupa en varios lugares para que no se nos escape ninguna pista.

[1]Kendall recomienda el uso de metáforas como la del detective para el trabajo con los pensamientos automáticos negativos. Ver: *Kendall, P. (2000). Child and adolescent therapy. Treatment of Depression in Childhood and adolescence p173-234. New York: The Guilford Press.*

¡Queremos proponerte que seas un buen detective de tus pensamientos!

Los pensamientos que tenemos cuando estamos tristes son como las ideas que tienen los investigadores al resolver un caso. Ya que la forma en que estas pensando, te pone triste, ¿porqué no investigar si es verdad?

El primer paso es darte cuenta qué pensás cuando estás triste y anotarlo.

Veamos un ejemplo:

Después, hacete las preguntas del detective[1]*:*

- ¿Qué pruebas tengo a favor de que este pensamiento es real?
- ¿Qué pruebas tengo en contra?
- ¿Hay otras formas de mirar esta situación, otra manera de pensarla?

Y anotá las respuestas...

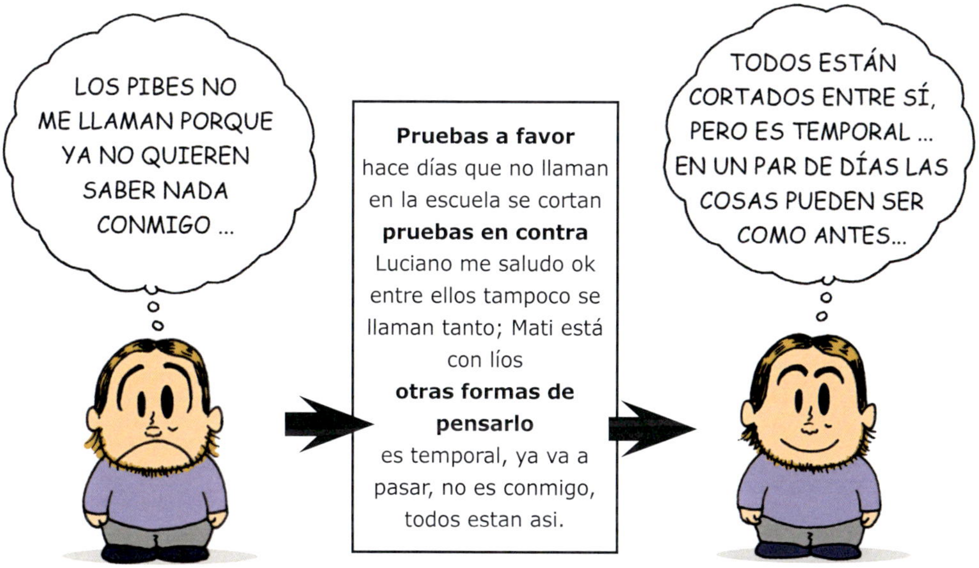

[1]N. de A.: se presentan variantes a los registros de pensamientos clásicos utilizados con adultos.

Después de cuestionar el pensamiento que te entristece, estás listo para una idea alternativa acerca de lo que te pasa. Anotala y chequeá lo siguiente:

¿Cuánto creo que esta idea puede ser tan o más real que la anterior?
¿Más o menos, bastante o mucho?
¿Esta idea me hace sentir mejor?
¿Más o menos, bastante o mucho?

A medida que aprendas a ser un buen detective de tus pensamientos, vas a tener más control de las ideas que te hacen sufrir.

Una aclaración importante:

Con estos ejercicios no se pretende que pienses todo positivamente, ni que nunca veas los peligros, sino que aprendas a cuestionar tus pensamientos[1].

El "poder" no está en
aumentar los pensamientos positivos,
sino en
REDUCIR LOS NEGATIVOS.

[1] Kendall, P. (2000). Child and adolescent therapy. Treating Anxiety Disorders in Youth, p257. New York: The Guilford Press.

Ficha: registro de pensamientos

¿Te animás a probar con cosas que te pasan a vos? Podés copiar el cuadrito de abajo y llenarlo con experiencias personales. ¡Notá cómo tu estado de ánimo cambia a medida que pensás de otra forma aquello que te entristece!

Otro modo de cuestionar tus pensamientos es imaginar que sos un juez que compara las pruebas que tiene antes de dictar la sentencia acerca del pensamiento negativo.

El pensamiento es:

Pruebas a favor

Pruebas en contra

La sentencia es:

Los puntos de vista

A esta altura ya debes haber aprendido que tus sentimientos dependen del modo en que veas las cosas[1].

Enriqueta tiene una linda forma de ver las cosas y eso la hace sentirse bien con su vida. Es importante aprender a ver las cosas CLARAMENTE. Además de las técnicas del detective y del juez, puede ser útil revisar las distorsiones que te hemos explicado antes y evaluar si está ocurriendo alguna. Distorsionar las cosas que vemos es como enfocar mal la lupa.

Si magnificamos los datos malos, perdemos de vista o minimizamos los buenos. Si alguna vez el asesino fue el mayordomo y esperamos que en todos los casos sea así, ¡no vamos a resolver ningún misterio! Fijate si está ocurriendo alguna de las distorsiones que te explicamos, si estás poniendo la lupa en un lugar equivocado y tratá de recuperar la información que te falta.

En las planillas siguientes te proponemos que anotes situaciones y lo que pensás de ellas. Con ayuda de tu terapeuta podes hacer el trabajo del buen detective.

[1]Ver: Sacco, W. & Beck, A. (1995). Teoría y Terapia Cognitiva. En: Beckham, Leber. Handbook of Depression. Second Edition. New York: Guilford Press.

Un ejemplo de otro tipo de Registros de pensamientos es el siguiente, que ha sido completado por un chico de 14 años que no quería estudiar Historia.

Situación	Pensamiento	Emoción	Conducta	Respuesta al pensamiento
Tengo que hacer los trabajos de historia	YA ES DIFÍCIL QUE LA PASE X Q TENGO UN TRES EN EL PRIMER TRIMESTRE	No me da ganas	No lo hago y me va mal, tengo malas notas y no puedo salir	Me conviene hacerlo para saberlo en diciembre o tener una idea. Al final no cuesta nada hacerlo y evito sacarme un uno. Quizás la maestra valore mi esfuerzo y me ayude en diciembre. Si es tan difícil, lo hago con alguien. Me sirve para poder salir.
	LA MAESTRA NO ME CAE BIEN			Conviene llevarme mejor con la maestra porque ella es quien decide si paso o no. La nota de actitud es un 30%. Si me llevo bien por ahí me puede perdonar. Cuando corrige puede ser más buena.
	ES ABURRIDA			Cuando me va mal todo es aburrido, si me fuera bien sería distinto. Si es aburrida me conviene sacármela de encima antes. Suficiente que me la banco durante el año para tener que rendirla en diciembre.

REGISTROS DE PENSAMIENTOS (*)[1]

Situación	Pensamiento	Emoción	Conducta	Respuesta al pensamiento

*¡¡¡¡¡Cuanto más lo practiques mejor lo aprendes!!!!!

[1]N. de A.: Al registro de pensamiento clásico se le ha agregado gráficos para hacerlo más didáctico.

REGISTROS DE PENSAMIENTOS (2)

Pensamiento automático 	**Errores del pensamiento**	**Respuesta al pensamiento** 

(*) Algunas errores del pensamiento son: filtro mental, conclusiones apresuradas, pensamiento catastrófico, pensamiento mágico, pensamiento todo o nada, lectura de mente, generalización excesiva, descalificación de lo positivo, magnificación o minimización, pensamientos "debería" o "tiranos", etiquetación, pensamientos perfeccionistas, personalización.

*¡¡¡¡¡Cuanto más lo practiques mejor lo aprendés!!!!!

Otros ejercicios para combatir la tristeza

¡Para ponerte a prueba!

Si fueras el psicólogo del pingüinito sin globo ¿qué le dirías?

Es difícil, pero con imaginación seguramente puedas ayudarlo.

Completá la secuencia con lo que pudo haber pensado él y la alternativa con lo que le dirías vos.

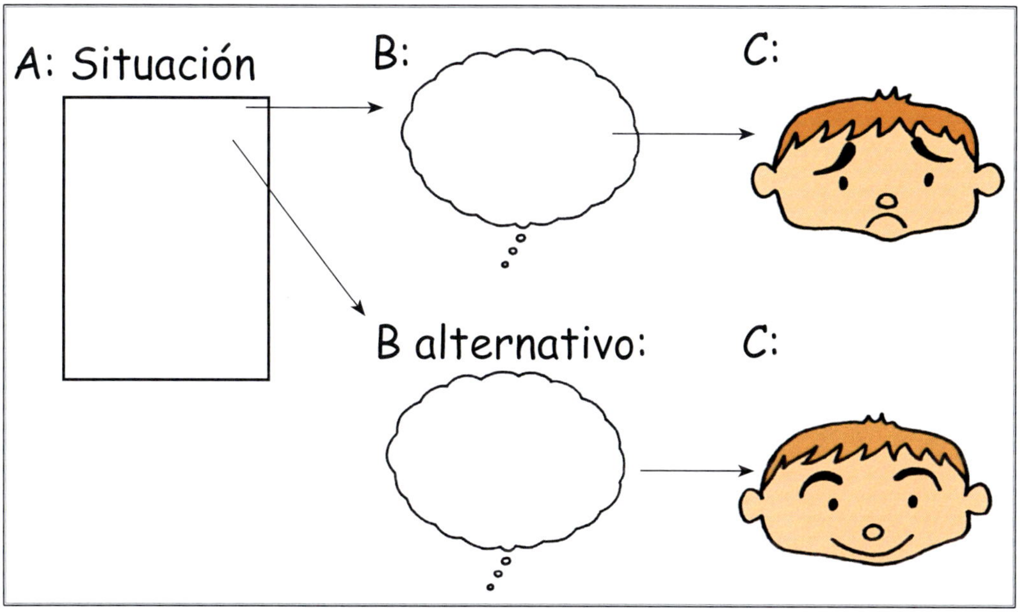

Ficha: mensajes familiares

Esta oveja gris se siente distinta a las demás y encima se lo dicen claramente. A veces las personas que más queremos nos dicen cosas por el estilo y nos sentimos terriblemente mal, tristes o deprimidos.

¿Te animás a escribirle una carta[1] a la ovejita gris para ayudarla a sentirse mejor?. Si alguna vez te pasó algo parecido, ayudarla a ella te va a ayudar a vos.

Querida ovejita,

....

....

....

....

....

....

....

....

....

....

Hasta la próxima,

....

[1]N. de A.: Young, J. & Klosko, J. (1994). Recomiendan el uso de cartas en el trabajo centrado en los esquemas. Es necesario adaptar este formato a la problemática particular del paciente. Young, J. & Klosko, J. (1994). Reinventa tu vida. Barcelona: Ediciones Paidós Ibérica S.A.

Ficha: mi vida

Un día un chico nos dijo que su vida era una porquería, tenía problemas en el colegio y por eso se peleaba con sus padres. Le pedimos que complete el siguiente cuadro y eso le ayudó bastante. Fijate si podés completarlo vos:

Aspectos positivos de mi vida	Aspectos negativos de mi vida

Ficha: gráfico de torta[1]

María estaba harta de ir a la escuela, decía que NO HABÍA NADA BUENO en la escuela. Fijate el ejercicio que hizo.

Cosas que no soporto de la escuela	Cosas que si soporto
La profesora de matemática	Mis amigas
Tener que despertarme temprano	La clase de dibujo
Rendir materias en diciembre	La clase de deportes
Los chicos que me burlan	Los recreos
	La profesora de lengua
	Ir a la sala de computación

Le pedimos que dibuje una torta, y que en su interior separe qué porción le corresponde a cada cosa. Luego pintó de oscuro lo que no soporta, y dejó en blanco lo que sí soporta de la escuela. Mirá lo que descubrió:

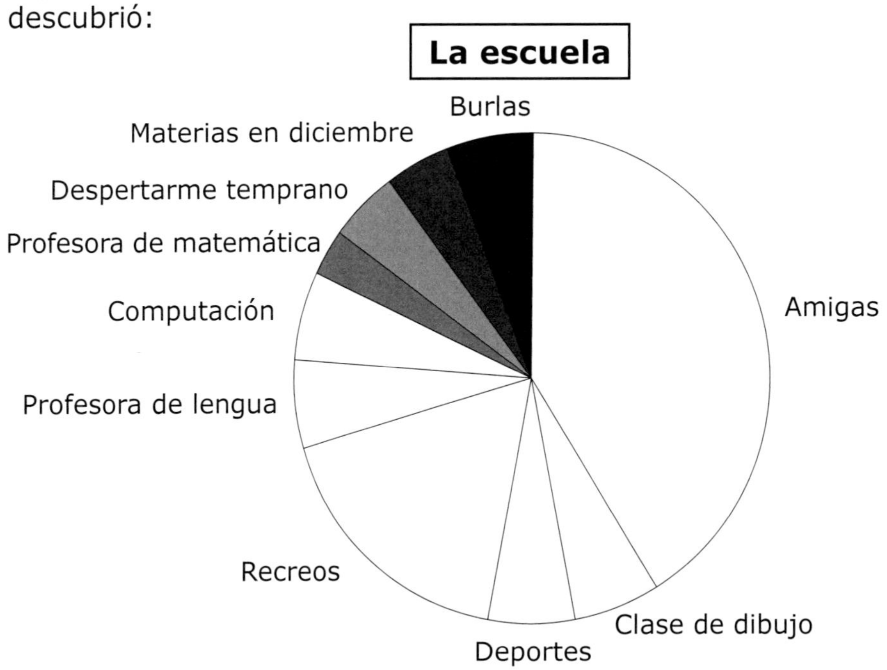

¿Te parece que María podría seguir diciendo que no hay nada bueno en su escuela?

....

[1]N. de A.: Es una técnica cognitiva que se puede aplicar a distintas cogniciones como la de responsabilidad en el caso de los pacientes con TOC.

Ficha: gráfico de torta

A continuación presentamos gráficos en blanco para que completes con lo que te parezca más conveniente.

Lo que no me gusta de................	Lo que si me gusta de.................

Ahora separá las porciones:

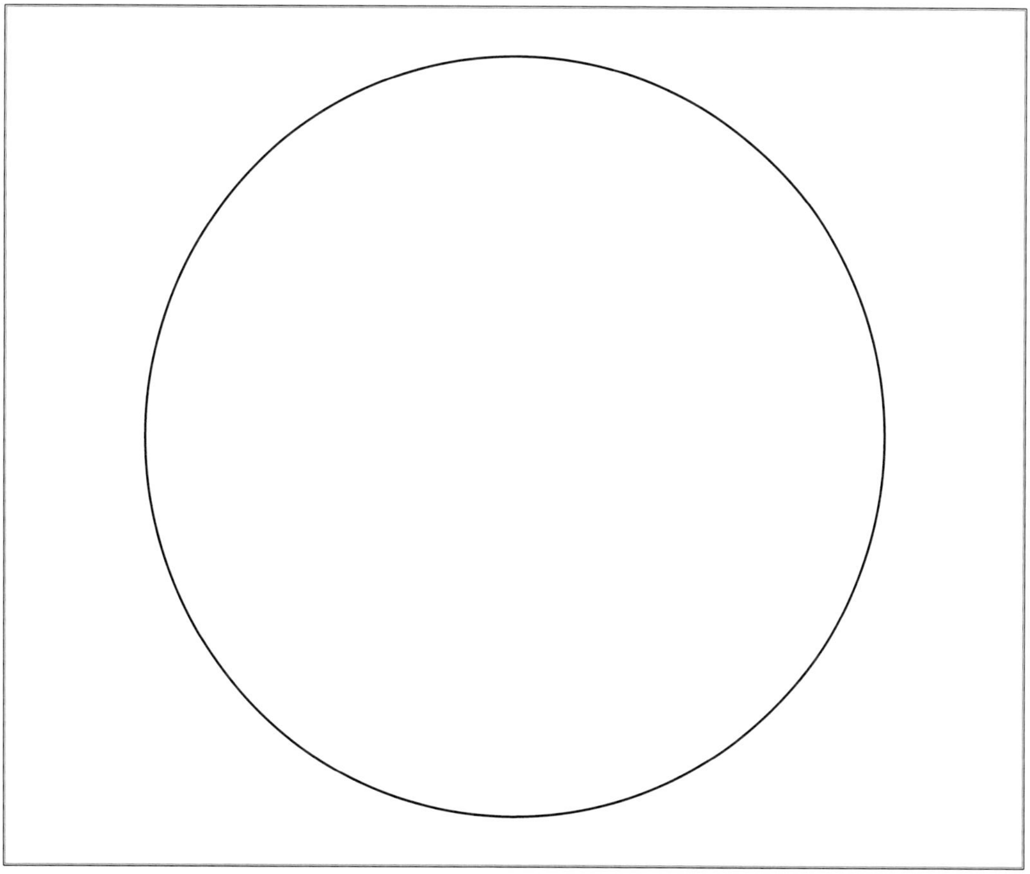

Resolución de problemas

Sería ideal poder tener una solución para todos nuestros problemas, pero lamentablemente eso no es posible.

Todos solemos tener algunos en nuestra vida. ¡Eso es normal! Sin embargo, podemos ponernos tristes o ansiosos cuando nos cuesta encontrar soluciones. Por eso, es importante aprender alguna técnica para resolverlos y sentirnos mejor.

Lo más importante es que sepas que no hay una ÚNICA solución sino que suele haber VARIAS opciones y, cuantas más opciones puedas pensar, más probabilidad hay de que se te ocurra alguna que te sirva para solucionarlo de la mejor manera posible.

Fijate en esta historia, por ejemplo:

Los problemas del carpintero

Matías era un carpintero, toda su vida se dedicó a hacer todo tipo de cosas con la madera: sillas, mesas, armarios, ¡hasta casas! Era su trabajo y lo hacía bien. Estaba super orgulloso.

Hasta que un día le ocurrió uno de esos problemas que todos enfrentamos en la vida. ¡Se le acabaron las reservas de madera! Y para colmo, no pudo encontrar ningún leñador en el pueblo. Todos habían ido a trabajar a los bosques del Sur.

Entonces, quiso intentar solucionar el problema el mismo. Se decidió a cortar árboles para obtener su propia madera. Fue directo hacia el bosque llevando su herramienta favorita, la que lo había hecho famoso: ¡el martillo más rápido del oeste!

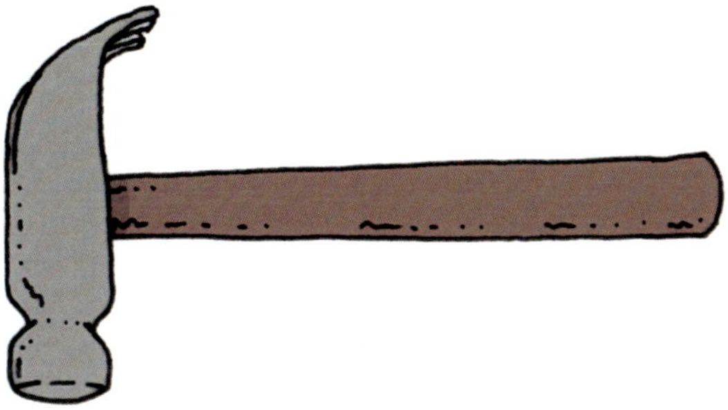

Al llegar al bosque encontró un roble importante. "¡Esta es la mía!", pensó. Y entró a darle y darle con el martillo. Pero el roble no caía.

Matías se empezó a inquietar. Y luego a frustrarse cada vez más. "¿Qué pasa con este roble? ¿Me está tomando el pelo?", se decía. Así que intentó con otro roble del bosque. Dale que te dale con el martillo.

Al llegar la tarde, ya había probado con todos los árboles del bosque, sin resultado. Tenía la mano inflamada como un globo, y sentía un gran dolor y cansancio.

Confuso y frustrado, no podía entender lo que pasaba. Al martillo más rápido del oeste unos árboles de porquería se le resistían. Extenuado y triste, Matías decidió volver a casa. En el camino de regreso se encuentra con un chico que está de vacaciones en el pueblo, pasándolo bárbaro. ¿Adiviná quien es?

¿Qué se te ocurre para ayudarlo? ¿Qué error te parece que cometió el carpintero? ¿Qué le recomendarías?

....

....

¿Dónde está el problema? ¿Te parece que el problema es que los árboles son muy duros? ¿O es otro?

....

....

¿Qué herramientas o alternativas, le podrías sugerir que utilice en lugar del martillo?

1. ....
2. ....
3. ....

Quizás puedas pensar que Matías es un testarudo, que se empeña en resolver su problema con un martillo, a pesar de que ya había comprobado que no iba a lograr nada. Pero por lo general, las personas no somos tan diferentes a este carpintero. Muchas veces nos empeñamos en utilizar la misma herramienta o estrategia a pesar de que no nos da resultado.

Moraleja: nunca te quedes con
una sola opción.
¡Siempre hay alternativas!

Ficha: resolución de problemas

Como ya dijimos, muchas veces nos ponemos tristes, nos enojamos o nos ponemos ansiosos por los problemas que tenemos. Es importante que aprendas alguna técnica para solucionarlos cuando aparecen[1].

1. Primer paso: definir bien el problema, que sea algo bien concreto.
2. Poner todas las opciones que se te ocurran.
3. Ver las ventajas y desventajas de cada una.
4. Elegir la mejor opción y ver cómo implementarla.

A continuación tenés un ejemplo para que lo entiendas mejor:

Problema:	Los chicos en el colegio me cargan. Yo me enojo y les pego, y después me retan.	
Opciones	Ventajas	Desventajas
Seguir pegándoles	Me descargo la bronca	Me siguen cargando Me ponen malas notas Mamá me castiga
Decirle a la maestra que me están molestando	No me ponen mala nota Mi mamá no se enoja conmigo	Me dicen buchón
Ignorarlos	No me ponen mala nota Mi mamá no se enoja conmigo Mi terapeuta dice que se van a cansar de cargarme	No se cuanto tiempo me lo puedo aguantar. Capaz que exploto.
Pedirle a mis padres que me cambien de colegio	Los chicos van a dejar de cargarme porque no los voy a ver más	Voy a dejar de ver a los chicos que son mis amigos. Capaz que en otro colegio también me cargan
¿Cuál es la mejor y cómo la voy a implementar?	Creo que lo mejor va a ser intentar ignorarlos. Si esa opción no funciona, intentaré usar otra opción.	

[1] D´Zurilla, T. & Goldfried, M. (1971). Problem solving and behavior modification. Journal of Abnormal Psychology, 78, 107-126.

Una aclaración importante:

La mayoría de las veces no vamos a encontrar "La Solución Ideal" a nuestro problema, probablemente tendremos que elegir entre la mejor solución posible o la menos mala

Para que vayas practicando de a poco:
Pensá en algún problema que hayas tenido últimamente.

¿Qué estrategia usaste para resolverlo?

....
....

Tu estrategia ¿te daba los mismos resultados que a "Matías el carpintero" su martillo? ¿Por qué?

....
....

Ahora tratá de imaginarte todas las herramientas que podrías haber usado (en lugar del martillo) para resolverlo:

El problema fué:	
Algunas herramientas que podría haber usado:	
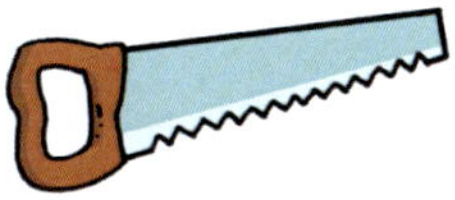	

Ficha: resolución de problemas

1. Primer paso: definir bien el problema, que sea algo bien concreto.
2. Poner todas las opciones que se te ocurran.
3. Ver las ventajas y desventajas de cada una.
4. Elegir la mejor y ver cómo implementarla.

Problema:		
Opciones	Ventajas	Desventajas
¿Cuál es la mejor? O ¿la menos mala? ¿Cómo la voy a implementar?		

¿Cuándo estamos en Crisis[1]?

> Cuando estamos muy mal, podemos hacer cosas que nos lastimen o lastimen a los que queremos. Por eso es importante saber cómo mejorar nuestro estado de ánimo.

Algunas estrategias:

1. Distraerse
2. "Mimarse"
3. Mejorar
4. Ventajas-Desventajas
5. Media sonrisa
6. Aceptación

1. **Distraerse:** realizando actividades, ayudando a alguien, haciendo comparaciones, dejando pasar el momento, pensando en otras cosas, generando emociones opuestas a las que nos molestan o sensaciones intensas que no nos lastimen.
2. **"Mimarse":** darse un gusto, mirar, escuchar, tocar, oler, comer algo que nos haga sentir bien o mejor.
3. **Mejorar:** Imaginarse mejorando la situación, darle un significado, rezar, relajarse, hacer una cosa a la vez, salir un rato y darse ánimo.
4. **Ventajas-Desventajas:** evaluar los pros y contras de tolerar el malestar.
5. **Media Sonrisa:** la actitud que toma tu cuerpo se la transmite a tu mente.
6. **Aceptarlo:** admitir ciertas cosas nos alivia el sufrimiento. Admitirlo no significa que estemos de acuerdo, pero nos permite dejar de luchar contra ello para hacer lo que necesitamos para mejorar.

[1]N. de A: Se recomienda complementar estos conceptos en Linehan, M. (1993). Skills Training for Treating Borderline Personality Disorder. New York: The Guilford Press. Los mismos originalmente se trabajaron con pacientes adultos aunque hay grupos que comenzaron a utilizarlo con adolescentes, como el: Child & Adolescent Behavioral Health Services (CABHS). Se incluyen estas estrategias ya que muchos adolescentes con problemas de regulación emocional presentan rasgos de personalidad similares a las de los adultos con Trastorno Límite de la Personalidad.

Para jugar con tu terapeuta

Jugando al psicólogo:

Puede ser divertido que juegues al psicólogo.
Para eso te vamos a pedir que:

1. Identifiques tus pensamientos negativos.
2. Tu terapeuta va actuar como si fueras vos.
3. Ahora tratá de convencerlo de que vea las cosas más claramente (mirá que no te la va a hacer fácil).

Ayudando a un amigo:

Hace de cuenta que tu psicólogo es un amigo tuyo, al que le pasa exactamente lo mismo que a vos y por eso se siente muy triste. Tratá de ayudarlo con todo lo que se te ocurra. Si logras que se sienta mejor vas por buen camino

El diablito y el angelito:

En los dibujitos muchas veces aparece arriba del protagonista un diablito que le dice cosas que lo perturban y del otro lado un angelito que le dice lo que le conviene.

Pensá en alguna situación que te ponga mal y tratá de actuar el papel del diablito y luego el del ángel. Mirá que ganarle al diablito suele ser difícil.

Los títeres:

A algunos chicos les divierte jugar con títeres. Podés tratar de teatralizar las escenas con títeres que defiendan los pensamientos negativos y otros que los cuestionen.

Creencias problemáticas

A continuación tenés una serie de formas de pensar que son un tanto rígidas o absolutas. A muchos chicos les pueden servir para lograr ciertas metas, pero cuando no cumplen con esas reglas que se imponen se sienten muy mal.

La idea no es dejar de perseguir esas metas, sino saber tolerar cuando no las alcanzamos. Para eso te pedimos que te fijes si alguna de éstas la podrías pensar vos y ver si la podés flexibilizar un poco.

Reglas rígidas	Reglas flexibles
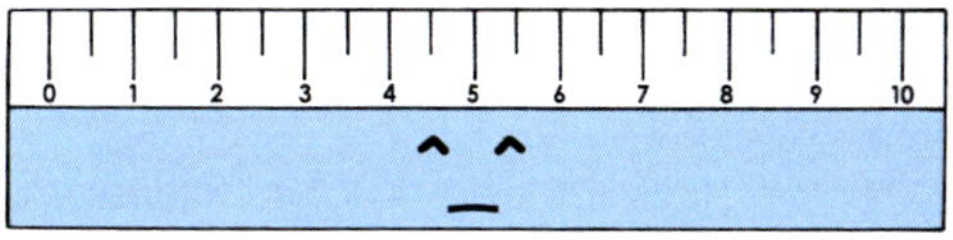	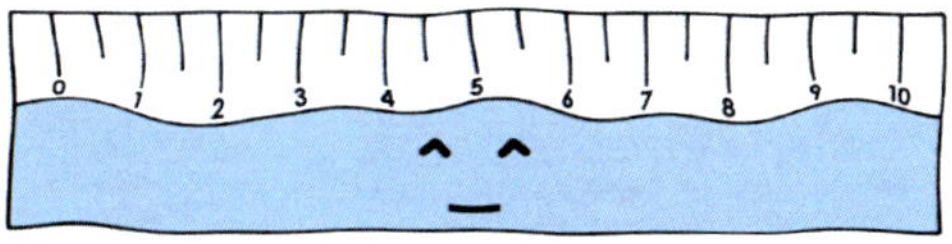
Tengo que hacer todo a la perfección.	
Si él o ella no me quiere, nada tiene sentido.	
Los demás son mejores que yo	
Tengo que lograr que todos me quieran.	
Yo sólo no puedo resolver las cosas.	
Si me critican significa que lo que hice está mal.	
Yo no puedo cambiar como me siento, ya soy así.	

HABILIDADES SOCIALES

Hacer nuevas relaciones y profundizar las que ya tenés mejora tu estado de ánimo. ¿Te imaginás estando triste un sábado a la noche, lo bueno que sería poder telefonear a un amigo o conocer gente nueva?

Existen habilidades de comunicación positiva. A ciertas personas le resulta fácil entablar nuevas relaciones y a otras no tanto. En parte, la diferencia se da por la forma de comunicarnos que hemos aprendido[2].

Existen habilidades de comunicación positiva.

Algunos las adquirieron compartiendo tiempo y actividades con gente diversa (amigos, compañeros del cole, conocidos, etc.). Otros, por timidez o cambios que afectaron sus vidas (mudanzas, cambios de escuela, etc.) no tuvieron la oportunidad de desarrollarlas. También puede pasar que no seamos conscientes de que las tenemos y nos sentimos inseguros ante la falta de práctica.

La buena noticia es que:

Estas herramientas se pueden aprender y mejorar.

[2] Otros factores que interfieren en nuestra capacidad para establecer y profundizar relaciones son nuestros globitos de pensamiento negativos y catastróficos. Revisá los capitulos "Enfrentando miedos, nervios y ansiedad" y "Estado de ánimo" para enfrentarlos.

Una advertencia: el uso de estas herramientas aumenta tus probabilidades de mejorar las relaciones. Pero no siempre depende de vos. Los demás no siempre están dispuestos a conectarse, y eso ya no es tu problema.

¿Por qué tendríamos que ser aceptados por todo el mundo?

Tené en cuenta que al principio podés sentirte un poco acartonado e incluso avergonzado. La solución es la que siempre recomendamos para cualquier ejercicio:

¡Práctica!
¡Práctica!
¡Y más práctica!

Algunas Técnicas de Comunicación Positiva son:

A. Gestos: Mirar a los ojos, sonreír y distenderse.
B. Decir cosas positivas.
C. Escuchar activamente.
D. Hacer preguntas, interesarse por el otro.

A.

Mirar a los ojos
Sonreir
Distenderse

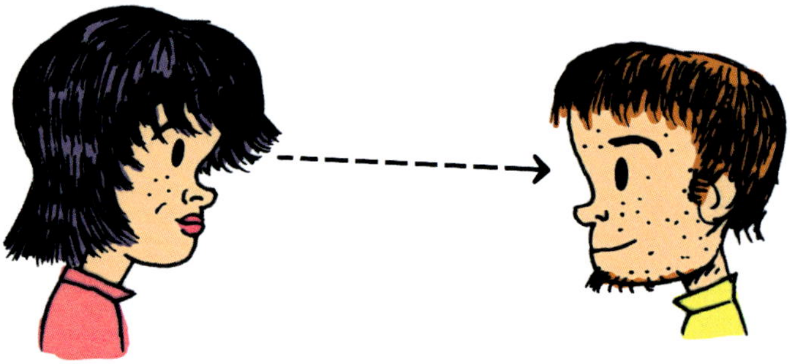

Cuando conversás con alguien, es muy importante:

- lo que decís,
- la forma en la que lo decís:
  1. los gestos y
  2. el tono.

1. Con los GESTOS también transmitimos mensajes, por ejemplo con:

- La cara que ponemos.
- La posición del cuerpo.
- Hacia donde miramos.
- Lo que hacemos con las manos, etc.

¿Qué gestos solés usar?

....

....

Algunos gestos positivos pueden ser:

- Mirar a los ojos.
- Sonreír distendidos.
- Demostrar con el cuerpo que lo escuchamos con atención, etc.

Estos demuestran interés y ganas de conectarnos. Si los usas:

¿Cómo se va a sentir la persona con la cuál estés hablando?

....

¿Te imaginás hablando con alguien que frunce el ceño, se pone serio y/o te rehuye la mirada? ¿Cómo te sentirías?

....

Importante:

- Los gestos suelen ocurrir en forma automática, casi sin darnos cuenta.
- Cuanto más los practiques mejor.
- Ensayarlos con amigos íntimos, familiares y/o tu terapeuta puede ser de mucha ayuda.

2. El modo con que decimos las cosas puede ser:
   - Inseguro,
   - Agresivo,
   - Firme o asertivo

Y esto influye en como nos responden

Modo inseguro

Decimos lo que pensamos o queremos en voz baja, sin insistir o apenas lo insinuamos.

Modo agresivo

Decimos lo primero que se nos cruza por la cabeza, sin pensar bien las cosas, gritando y, muchas veces, insultando también.

Modo asertivo

Decimos lo que queremos, logrando que nos escuchen y respeten. Sin dejar de respetar a los demás.

Mirá lo que sucede cuando aplicamos los distintos modos.

Si el modo es:	AGRESIVO	INSEGURO	FIRME O ASERTIVO
Quien nos escucha puede sentirse:	Atacado	Poco comprometido	Comprometido
Y puede responder:	Defendiéndose y atacarnos	Haciendo lo que él quiere	Haciendo lo que le pedís.

A continuación tenés algunos ejemplos. ¿Cuál sería la respuesta más asertiva?

A Martina la invitaron al cine y no sabe como decirles que no quiere ir.

Respuesta:.................................

A Diego los chicos no lo dejan jugar a las escondidas:

Respuesta:.................................

Algunas claves para saber cuando ser asertivo

¿Te interesa mucho?
¿Es la persona adecuada para pedírselo?
¿Es el momento para hacerlo?
¿Es justo mi reclamo?
¿Mi emoción es la adecuada para intentarlo?
¿Estoy en condiciones de mantener lo que digo?

Hacerse respetar, respetando

Para practicar:

Te recomendamos que pienses distintas situaciones donde te haya costado expresar lo que querías y practiques respuestas o pedidos asertivos con tu terapeuta u otras personas que estén dispuestas a ayudarte.

B.

Decir cosas positivas (no criticar o hacerlo en forma constructiva)

Cuando nos sentimos atacados, los seres humanos solemos ponernos a la defensiva y cortamos la comunicación. Por eso, aunque sea bien intencionada, la crítica no es la mejor forma de iniciar una amistad o de profundizar una relación con la cual no tenemos demasiada confianza.

Se recomienda destacar en la conversación los aspectos positivos de:

- Las personas con las cuales interactuamos.
- Sus actividades e intereses.

Cuando criticamos, conviene hacerlo:

- Después de haber destacado algún aspecto positivo y;
- En forma constructiva, es decir, sugiriendo como se puede mejorar.

Algunos ejemplos:

- "Me gustó como lo marcaste a Cristian, pero sería bueno que la pases más cerca del área".
- "La letra de la canción está muy buena, pero quizás un estribillo más simple le daría más fuerza".
- "Tu remera está bárbara. ¿No estaría buena una pollera más liviana con este calor?"

C.

Escuchar activamente

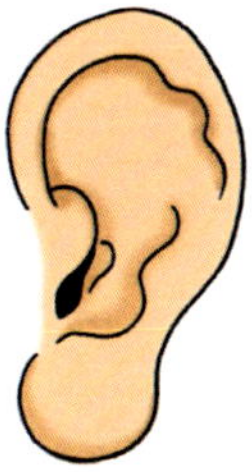

Quiere decir oir demostrándole al otro que nuestro interés por lo que dice es completo.

Para lograrlo es importante:

- Contestar sólo cuando el otro hace una pausa.
- Reflejar lo que creemos que siente la persona: "Eso te debe haber enojado mucho","¡Te quisiste morir!","¡Que alegría!".
- Repetir lo que dijo: decir con nuestras propias palabras el tema central de lo que el otro está contando: "Te enojó que Mati haya salido con los amigos","Te jorobó que los pibes no te hayan incluído en el equipo".

- Cuando la persona con la cual hablamos siente que la escuchamos, también se siente aceptada.
- Aquel que se siente aceptado probablemente te acepte a vos.

D. Hacer preguntas, interesarse por el otro

Las mejores conversaciones son aquellas en las cuales el tiempo que hablan las personas se reparte parejo. Para ayudar al otro a seguir la conversación es bueno hacer preguntas, como un periodista, que transmitan tu interés por la vida de la persona con la que conversás.

Suele ser adecuado:

- Preguntar primero acerca de temas generales para ir pasando, de a poco, a asuntos más personales.

Siempre chequeando que el otro se sienta cómodo: si nos responde distendido, dando respuestas más o menos largas, desarrollando los temas, ¡adelante!

- Si se pone inquieto y nos dá "respuestas al paso" o cambia de tema, ¡Atención! volvamos a los temas más generales y menos comprometidos.

A medida que vas preguntando, casi seguro que salen algunos lugares, actividades, intereses y/o conocidos en común. Ahí podés contar sobre tus cosas, al principio dándole más espacio a aquellas que tenés en común con la persona con que conversás. A medida que salen más cosas en común....¡buenísimo! La conversación se hará más fluida y natural.

Lo más complicado suele ser el comienzo, en el siguiente cuadro te damos algunas sugerencias.

Cosas que puedo preguntar para conocer a alguien

Preguntas principales	Preguntas que se desprenden de las principales
¿Como te llamás?	
¿Cuantos años tenés?	
¿Por donde vivís?	¿Con quién vivís? ¿Cerca de donde?
¿A qué colegio vás?	¿Cómo te va en el cole? ¿Siempre fuiste a ese colegio? ¿Qué tal es?
¿Conocés a...?	¿De dónde? ¿Sos amigo? ¿Y conocés también a....?
¿Jugás al futbol, rugby, etc?	¿En dónde jugás? ¿Jugaste el fin de semana? ¿Cómo fué el partido?
¿Que hacés los fines de semana? ¿Vas a bailar? Vas al cine?	¿A qué lugar vas a bailar? ¿Está bueno? ¿Va mucha gente? ¿Qué películas te gustan?
¿Qué música escuchás? ¿Que otras cosas te gustan?	¿Conocés a tal grupo, de la misma onda? ¿Alguna vez hiciste...?
¿Chateás? ¿A qué jugás en la compu?	¿A qué nivel llegaste? ¿Cuándo te conectás?

Recordá las reglas de oro:

- Una buena conversación es un 50 y 50. Hacé preguntas, interesate para que el otro también aporte.
- La forma en que decís las cosas es tan importante como lo que expresas. Cuidá tus gestos, distendete, sonreí y mirá a los ojos.
- Escuchá activamente, resaltá lo positivo y evitá criticar.
- Quien se sienta aceptado probablemente te acepte.

Pautas para padres con niños deprimidos

Modele actitudes positivas.

Promueva la realización de actividades placenteras.

Escúchelo empáticamente.

Antes de retarlo pregunte por qué hace aquello que le molesta.

Refuerce sus actitudes positivas.

Fomente actividades sociales.

Combata a su pesimismo, no a su hijo.

Valore sus pequeños logros, no esté pendiente sólo del resultado.

Modele como resolver problemas.

Elogie lo que quiera fomentar, en lugar de criticar lo que quiera corregir.

CAPITULO 11

PROBLEMAS DE CONDUCTA

El control del enojo

Tal vez notaste que últimamente te estás **peleando mucho**, con los compañeros del cole, con los maestros, con tus papás, con tus hermanos, con amigos. Si estas discusiones se repiten a menudo y con diferentes personas, sería bueno que te fijes si tu enojo se va de control y se transforma en furia.

El enojo, a los seres humanos, nos sirve mucho: es como una **alarma** que, cuando funciona bien, nos avisa que estamos viviendo situaciones injustas, que nuestras necesidades no son tenidas en cuenta, que deberíamos hacer algo para luchar (de maneras apropiadas, firmes pero no agresivas) por aquello que necesitamos y pensamos que es justo y correcto.

La idea es que, cuando vos estés enojado con alguien, entiendas que lo mejor es **resolver el problema, pedir cambios o hacer acuerdos** con esa persona.

Descargarte, vengarte, descontrolarte, podría hacer que logres un **alivio momentáneo**, pero a la larga, te va generar más bronca con esa persona, ya que ella también puede reaccionar y empeorar la situación.

Cuando la alarma del enojo funciona mal, suele activarse a menudo y con una intensidad demasiado grande, dificultándonos ver las cosas con claridad, y en ocasiones, haciéndonos reaccionar por demás.

- Algunas personas creen que la bronca es algo que hay que descargar y entonces les parece bien explotar.
- En realidad la bronca es una bomba que conviene desactivar.
- porque cuando explota todos salimos lastimados.

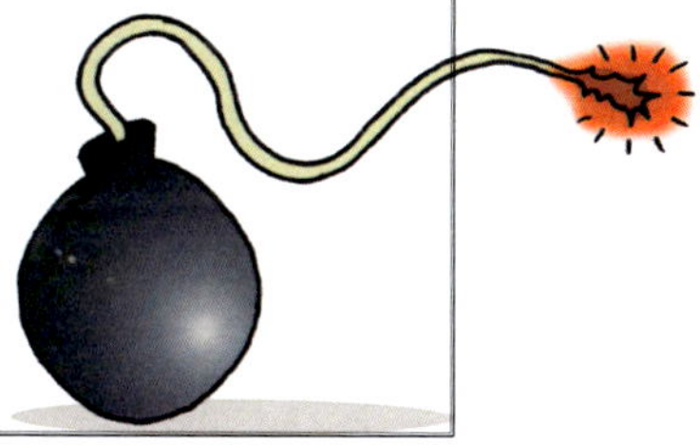

El volcán

Algunos chicos sienten que se van enojando cada vez más, hasta explotar como un volcán, y por lo general después se arrepienten.

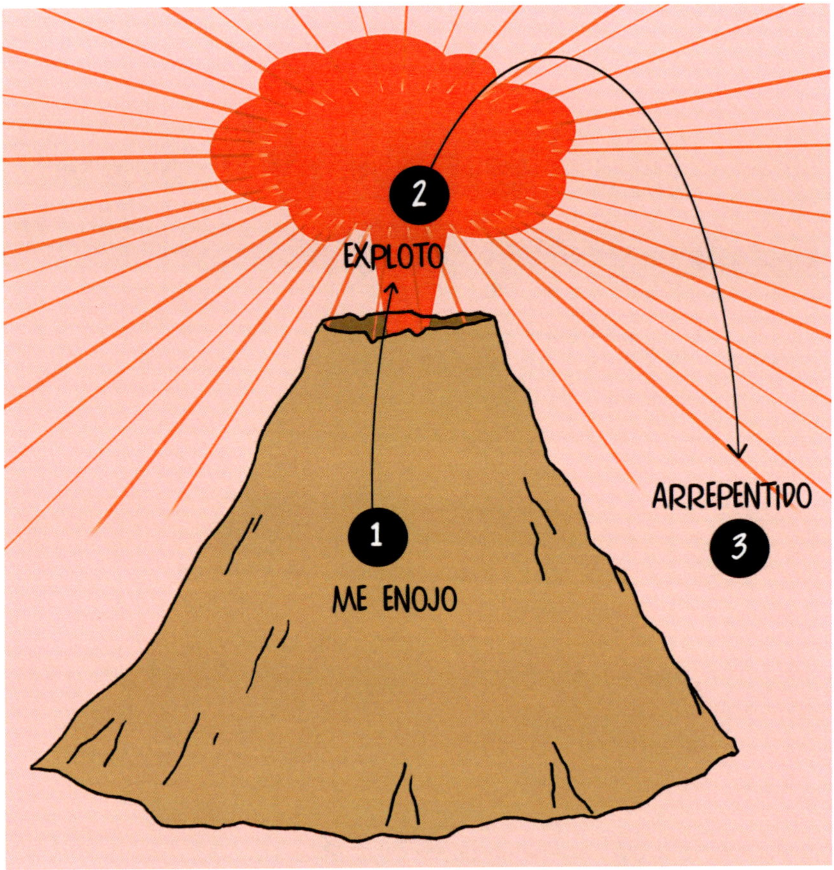

¿Te interesaría poder ganarle a la bomba o al volcán?

A continuación te mostramos como.

Señales de Alarma

Cuando la bomba o el volcán están por explotar existen **señales de alarma:**

- Pensamientos: "lo mataría", "le pego", "lo odio", "me toma el pelo" "se ríe de mí", "es un.... (pensá el insulto que se te ocurra)", etc.
- Cuerpo: sentir "una pelota en el estómago", o que todo el cuerpo se tensa, en "posición de ataque", ''una cosa que le sube desde el estomago a la garganta'', puños apretados, corazón acelerado, inquietud, etc.
- Forma de hablar: levantar el volumen de voz, hablar más rápido, usar insultos.

Mirá las señales que tenía Fran antes de explotar. Se hizo un dibujo para acordárselas bien:

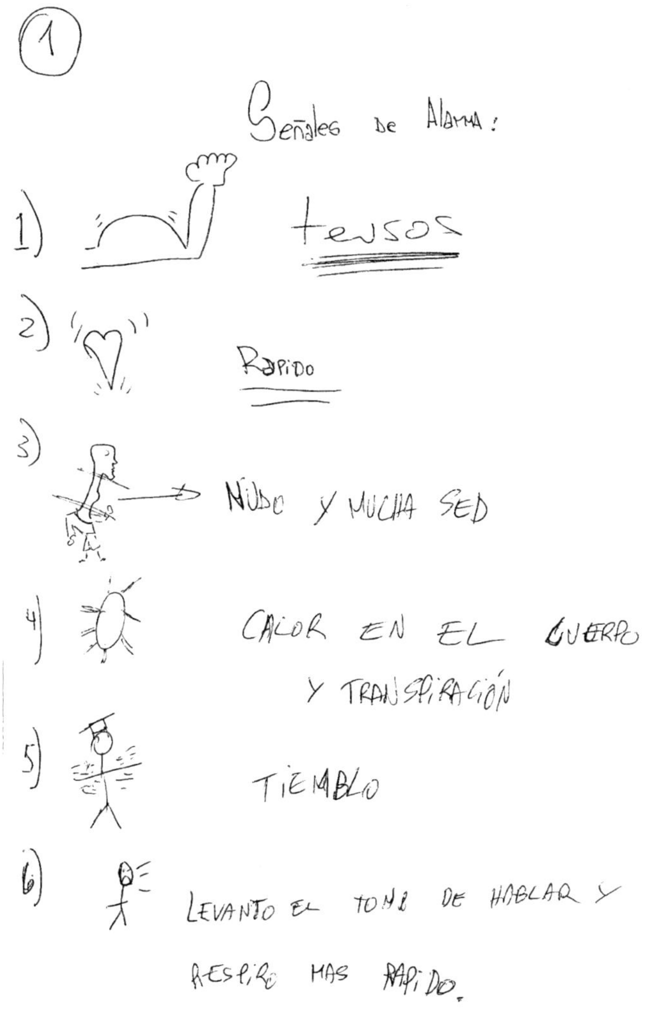

Estas señales u otras parecidas pueden ser tus típicas "alarmas del enojo". A continuación, podés escribir cuales tenés cuando estás por explotar:

Señales de Alarma 	
Pensamientos	
Cuerpo	
Forma de Hablar	

El termómetro del enojo

Te proponemos que en diferentes situaciones aprendas a medir la temperatura de tu "enojo". Cuando sientas bronca, pensá del uno al diez cuan "enojado" estás.

Fijate que en el dibujo, las diferentes "temperaturas" coinciden con distintas expresiones:

- Del 0 al 3: estás tranquilo. En estos casos, tu alarma del enojo te indica que si hay un problema no tiene demasiada importancia y podés dejarlo pasar. No todos los desacuerdos son muy importantes.
- Del 4 al 6: hay una situación molesta. Estás enojado, pero bajo control. Es una "temperatura adecuada" para discutir las cosas. Podés decir lo que te molesta de manera firme pero no agresiva. También podés escuchar las razones y las propuestas que te hace la otra persona.

- Del 7 al 10: tus alarmas pueden estar sonando tan fuerte que te impiden pensar y actuar en forma controlada. Lo que sentís es furia y en esos momentos no estás preparado para ponerte de acuerdo con la otra persona y solucionar el problema.

Técnicas del buda

Te proponemos que uses estas estrategias para bajar la intensidad de tu enojo, y recién después, cuando estés en 4-5-6 intentes resolver el problema.

Ficha: termómetro del enojo

- Usá el termómetro de abajo llenando las líneas en blanco con tus propios descubrimientos.
- ¿Se te ocurren otras técnicas que sirvan para bajar el enojo de 10 a 5?

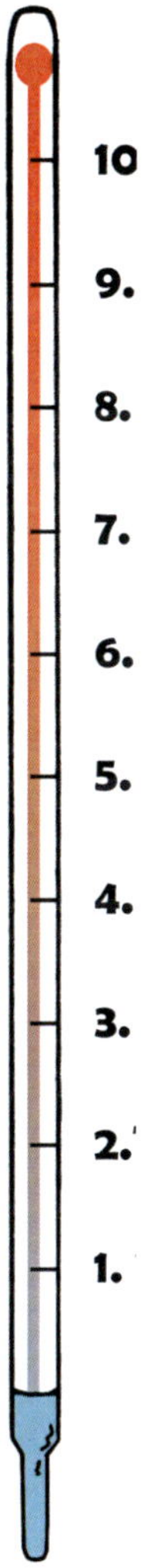

Sensaciones, pensamientos, conductas cuando estoy en 10

....

....

....

Estrategias para bajar la temperatura

....

....

....

Acordate:

> El enojo nos impulsa a solucionar problemas con la gente. Sin embargo, la furia descontrolada puede llevarnos a romper o arruinar nuestras relaciones.

El semáforo de los problemas[1]

Ya aprendiste a reconocer tu grado de enojo y estrategias para controlar tu "temperatura emocional".

Ahora podes entrenarte en otra habilidad importante al afrontar conflictos:

> **Parar y pensar** varias alternativas antes de actuar

Cuantas más alternativas pensás para solucionar un problema, más probabilidades tenés de lograr buenos resultados.

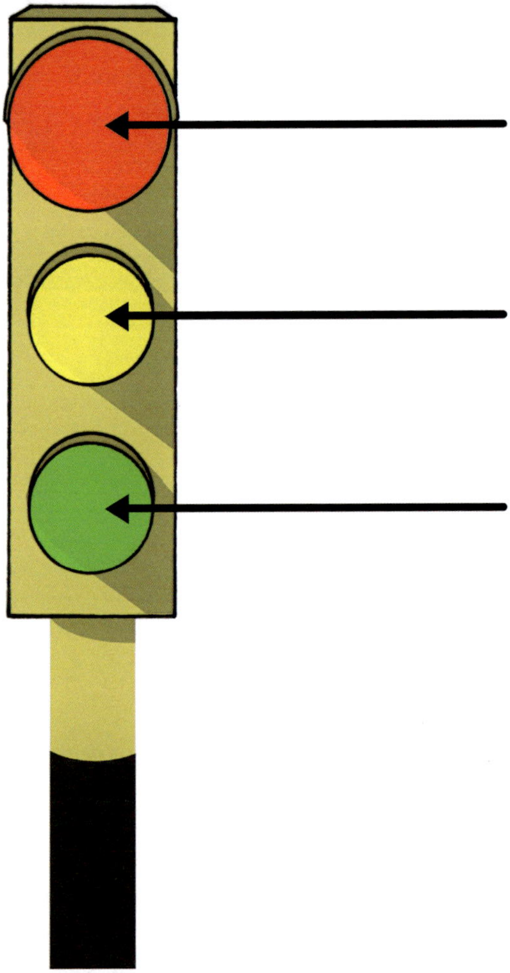

Paro

respiro, doy una vuelta

Pienso 3 alternativas

no le doy importancia,

discuto despues

Actúo

doy una vuelta

retomo la discusion

mas tranquilo

[1]Adaptado de: Kendall, P. & Braswell, L. (1993). Cognitive Beahavioral Therapy for Impulsive Children. New York: The Guilford Press.

Pasos del semáforo

Te proponemos que imagines que tenés un semáforo en tu mente.

1. **Luz roja:** pará un instante y respirá dos veces.
2. **Luz amarilla:** Pensá tres formas diferentes para solucionar el conflicto, no importa que sean buenas o malas.

Por ejemplo:

- Mando a mi mamá al diablo y pego un portazo.
- Aguanto calladito y acepto lo que me dice.
- Intento regular mi bronca y le pido de buena manera que me deje llegar más tarde.

3. **Luz verde:** Elegí la alternativa más adecuada. El objetivo es: que te entiendan, que consideren lo que vos necesitás y no perjudicar la relación. Hacela y fijate los resultados.

¿Te animás a usar el semáforo de abajo y llenar los espacios en blanco después de haber afrontado situaciones complicadas?

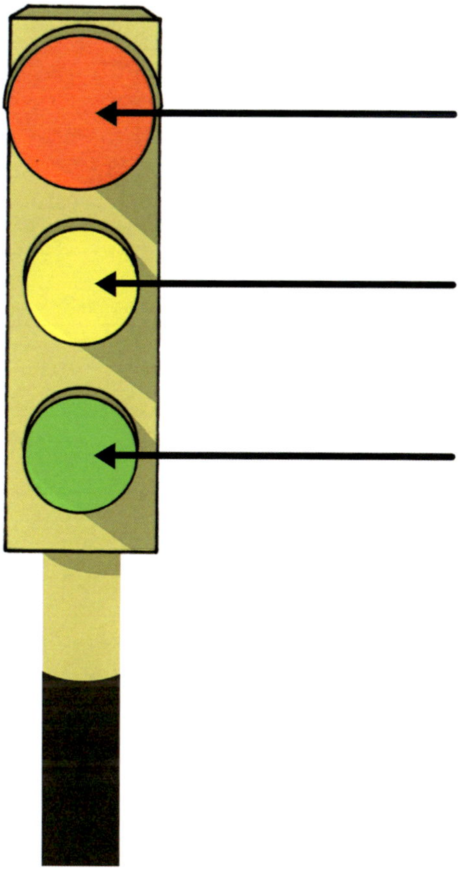

Paro

....

....

....

Pienso 3 alternativas

....

....

....

Actúo

....

....

....

Otra planilla que se puede usar es la siguiente:

Parar, pensar y actuar

PARÁ

Me están retando.
Estoy enojado, nervioso, histérico.
Mi cuerpo está tenso.

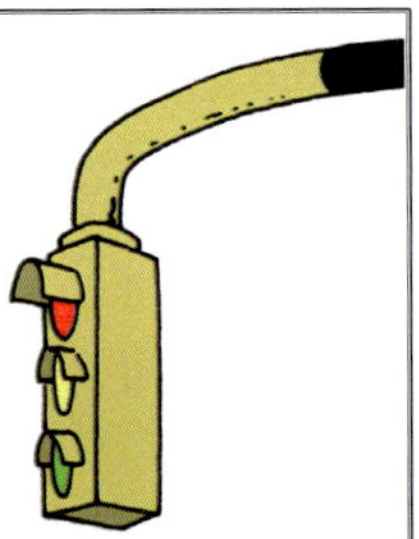

PENSÁ

1. No le voy a contestar porque sinó me van a retar más todavía.
2. Tengo que controlarme y no reaccionar.
3. Lo voy a ignorar.

ACTUÁ

Lo insulté, no me controlé.

RESULTADOS

Me retaron y me castigaron.

Intentalo ahora con tus problemas

Ficha: semáforo

PARÁ

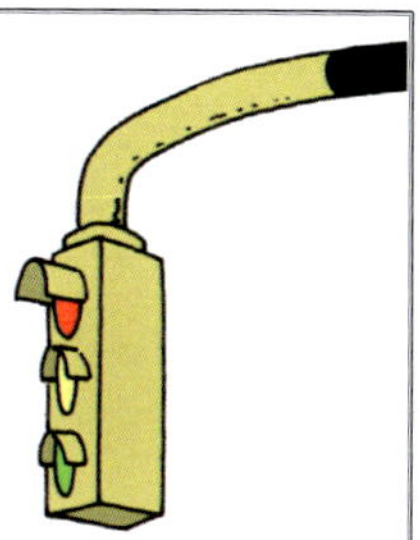

PENSÁ

a) Alternativas

1.

2.

3.

b) ¿Qué puede pasar bueno o malo si lo hago?

Bueno: ....

Malo:.........................

ACTUÁ

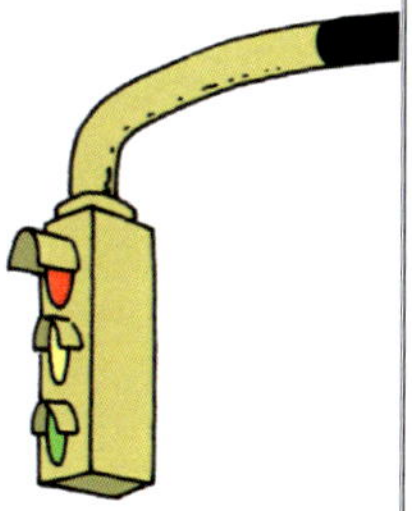

RESULTADOS

Recordá:

Controlar la bronca ayuda a tener las ideas claras. Estas estrategias aumentan las probabilidades de lograr buenos resultados (pero no los aseguran). Ponerse de acuerdo en una discusión depende de factores que no siempre están bajo tu control. A veces no vas a llegar al acuerdo ideal o solución que esperabas. Otras, deberás conformarte con la mejor solución posible para los que están participando en una discusión o ¡LA MENOS MALA!

Ventajas y desventajas

Cuando te imagines la "luz amarilla de atención" pensá las ventajas y desventajas de resolver el problema de una determinada manera.

Mirá este ejemplo:

Cuando me molestan ¿Qué puedo hacer?	Ventajas	Desventajas
Darles unas trompadas	Lo lastimo	Me retan y él la va a seguir
Decirle a la maestra	Lo retan	Me va a decir buchón
Quedarme callado	Ninguna	Me sigue burlando
Los burlo a ellos	Ninguna	Me pegan
Ignorarlos	Puede ser que se aburran	Tengo que tener mucha paciencia
Taekwondo verbal Técnica de: ¿y qué?	Se cansan	Ninguna

Podés usar el semáforo, podés analizar las ventajas y desventajas antes de actuar, pero la idea es siempre la misma:

¡Dominar el enojo antes que él te domine a vos!

En la página siguiente tenés una ficha para que la completes vos mismo.

Ficha: ventajas y desventajas

¿Qué puedo hacer?	Ventajas	Desventajas

Investigando los pensamientos que mantienen el enojo

La forma en que pensamos y nos explicamos las situaciones puede aumentar nuestro enojo y hacer que la rabia hacia una persona, grupo o situación se mantenga eternamente. En estos casos miramos nuestros conflictos a través de esos anteojos espejados que hacen que todos los errores y cosas malas estén en la gente con la cual peleamos.

Para que lo entiendas mejor, lee esta lista con algunas creencias que suelen tener las personas que tienden a enojarse. En la columna derecha agregamos creencias más razonables.

Creencias típicas

Creencias problemáticas[1]	Creencias más razonables
Injusticia	
Las reglas de mis papas son injustas y me arruinan la vida. No me entienden	No me gustan sus reglas y a veces son injustas, pero a todos los chicos les pasa esto y se arreglan bien.
Horarios: ¿por qué tengo que volver más temprano que mis amigos? Van a pensar que soy un dominado.	No me importa lo que piensen mis amigos porque mis papas ponen las reglas, no yo. Puedo llegar más tarde, pero la próxima es probable que no me dejen salir.
Tareas: ¿Por qué tengo que hacer todo yo? ¡Mi hermano no hace nada, es injusto!	Porque mi hermano hace otras cosas sin que yo me de cuenta.
Escuela: la profesora siempre me agarra a mí y me deja haciendo tarea extra. Nunca la puedo pasar bien.	Todos tienen que estudiar, no sólo yo. Si entrego las cosas cuando me las piden, luego tendré menos trabajo. Si me lo piden siempre a mi es porque por lo general, no las hice.
Autonomía:	
Me tienen que dejar hacer todo lo que quiero. No me tienen que mandar. Ya soy grande para que me digan lo que tengo que hacer.	No puedo hacer todo lo que quiero, porque dependo de mis padres para muchas cosas. Ni siquiera ellos son totalmente libres para hacer lo que quieren. Puedo pelearme con ellos, pero suelo salir perdiendo.
Tareas: no necesito que me lo recuerden, lo puedo hacer por mi cuenta.	A veces se pasan y molesta un poco, pero otras veces yo me olvido que tengo que estudiar.

[1]Adaptado y modificado de Barkley, R., Edwards, G. & Robin, A. (1994). Defiant Teens. New York: The Guilford Press.

Creencias problemáticas	Creencias más razonables
Aprecio	
Si me dan lo que les pido y me dejan hacer lo que quiero es porque realmente me quieren.	El aprecio no se mide sólo con los objetos o permisos que me dan. Muchas veces no nos dan esos objetos o permisos porque ellos creen que de ese modo me cuidan.
Ropa: si realmente me quieren me dejarían comprar esos pantalones.	Me molesta que no me compren el pantalón o no me dejen ir al recital, pero no significa que no me quieran.
Recital: si realmente me quieren me tendrían que dejar ir a ese recital.	
Aceptación	
Todos deberían aceptarme y querer estar conmigo. Si no me aceptan es porque me tienen bronca, envidia, son unos tontos, etc.	No es posible caerle bien a todo el mundo. Tendré que aguantarme si algunas personas no me aceptan. Tienen derecho.
Mala intención	
Me lo hizo a propósito para molestarme o hacerme enojar.	Por lo general, la gente no hace las cosas con mala intención. Muchas veces se equivocan, otras no se dan cuenta que algo nos puede molestar. De todos modos, suele ser mejor averiguarlo antes de actuar, ya que no puedo adivinar lo que el otro piensa
Culpabilizar al otro	
"El/ella tiene la culpa de todo".	La mayor parte de las veces, las peleas se arman entre todos. Quizás el estuvo mal, pero yo también me pude haber equivocado.

A continuación te mostramos historietas que ejemplifican estas creencias:

¿Por qué tiró el chico la pelota al árbol?

....

¿Crees que los otros chicos tenían la obligación de invitarlo a jugar?

....

¿Cuál es la creencia que tiene este chico?

....

¿Cuál sería un pensamiento más razonable en este caso?

....

¿Cuál es la creencia que tiene este chico?

....

¿Cuál sería un pensamiento más razonable en este caso?

....

¿Qué podría hacer el pececito para no pasarla tan mal?

....

¿Podes completar la secuencia?

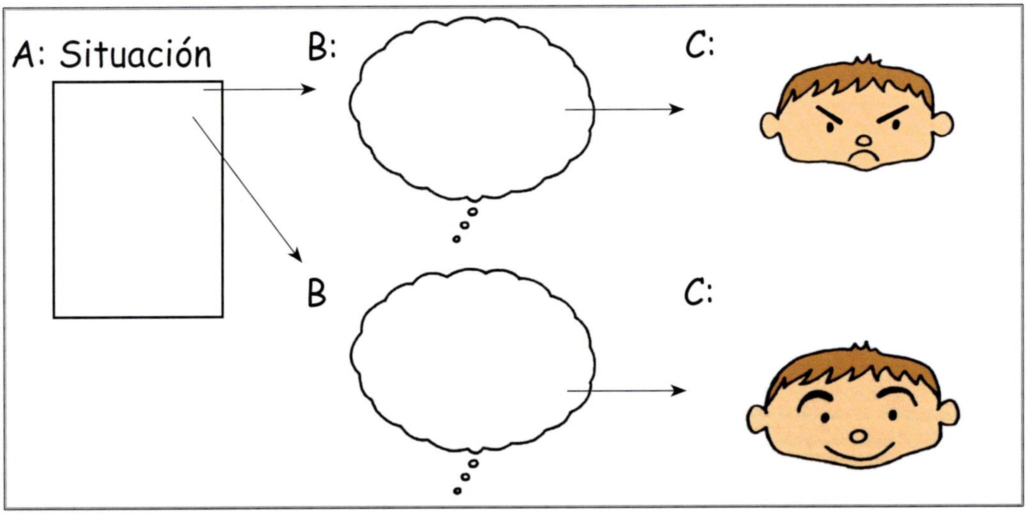

A continuación agregamos espacio en blanco para que dibujes tu propia historieta, con una situación en la cual vos mismo te hayas enojado:

¿Cuál fué tu creencia?

....

¿Cuál hubiera sido una creencia más razonable?

....

Las técnicas anteriores sirven para controlar tu enojo y pensar alternativas para solucionar las cosas en los momentos de mayor bronca. Pero, cuando la rabia hacia una persona, situación o grupo te dura mucho tiempo sería bueno tomarte un momento de tranquilidad para pensar de otra forma la situación.

A continuación te mostramos una serie de técnicas para que lo logres:

1. Trabajar con los pensamientos.
2. El freezer del enojo.
3. Medir la importancia.

1. Trabajar con los pensamientos

Llená los globos de la cara enojada con los pensamientos que tenés cuando estás con ese estado de ánimo, hacete a vos mismo las preguntas que figuran en el recuadro central, y si luego se te ocurre alguna manera alternativa de pensar la situación, llená el globito de la cara tranquila.

- ¿Cómo sé que las intenciones de X son malas, que me tiene de punto o que me hace las cosas a propósito? ¿Puedo leerle la mente?
- ¿Siempre actúa de la manera que me molesta u otras veces actuó de otra forma?
- ¿Sí o sí tendría que haber dicho o hecho lo que yo quería? ¿Es una ley?
- ¿Pude haber hecho algo yo también para que las cosas estén tan mal?

¿Cómo te sentís ahora? ¿Tu bronca bajo un par de grados? ¡Quizás ahora puedas solucionar las cosas con la mente más clara y sin anteojos espejados!

2. El Freezer del enojo

Cuando nos enojamos se nos suelen cruzar pensamientos que sólo logran ponernos más furiosos. En esas ocasiones puede servir que te digas a vos mismo algunas frases o palabras que te "enfrien un poco".

Ejemplos:

Armá tu propio Freezer con frases que te tranquilicen:

Para que te entrenes:

Podés practicarlo con tu terapeuta mientras él "juega a hacerte enojar". Aprovechá para ver si te da resultado.

3. Medir la importancia

Saber medir la importancia de lo que nos enoja, nos permite ver las cosas con perspectiva.

Mirá este ejemplo:

Martín pensaba que era gravísimo (9 puntos) que la hermana le haya quitado la cartuchera. Luego pensó en la vez que más se había enojado (10 puntos) y después en la vez que menos se había enojado (0 puntos). Comparó eso con lo que la hermana le había hecho y se dio cuenta que no era tan importante y si bien siguió enojado, lo pudo resolver mejor que de costumbre.

Para hacerlo vos, seguí estos pasos.

1. Pensá del 1 al 10 qué importancia le das.
2. Pensá qué fue lo que más te hizo enojar en tu vida. Eso representa un 10 en importancia.
3. Pensá cual fue el momento que más tranquilo estuviste en tu vida. Eso representa un 0 en importancia.
4. Teniendo en cuenta esos dos sucesos ¿qué importancia le das a lo que te pasa ahora?

Formas de decir las cosas para que los otros te entiendan

Una vez que controlás tu bronca, sería bueno que hables con la persona con la cual tenés el problema. Lo mejor es hacerlo a solas, en un momento y lugar tranquilo. También es importante cuidar cómo le decís las cosas. Si lo hacés de manera muy agresiva, el otro podría ponerse a la defensiva y no entender tu punto de vista.

Por eso te recomendamos:

Evitá

- **Acusar** al otro de ser de una determinada forma negativa "sos un......"
- **Culpar al otro por tus reacciones:** "¡Ves que me sacás! ¡Me hacés gritarte!". Una actitud o situación puede generarte determinados sentimientos, pero el que decide como actuar sos vos.
- **Hacer una lista de cuentas pendientes y echárselas en cara:** "Hace un mes, cuando fuiste al cine con los chicos, no me llamaste. Después arreglaste para ir a bailar y no me avisaste, después..." . El pasado no se puede modificar.

Intentá

- Hablar de lo que te molesta **aquí y ahora**.
- Hablar en **primera persona**: "yo...", "a mi...".
- Expresar **primero los sentimientos** que te produce una determinada acción del otro "yo siento que", "a mi me molesta que", "me pone mal que...."
- **Definir** en conductas y acciones concretas lo que te molesta y/o necesitás, "a mi me molesta que me cargues", "me entristece que me llames poco por teléfono", "me enoja que no me escuches cuando te hablo".
- Proponé conductas **alternativas** que podrían mejorar la situación: "sería bueno que los chistes sean sobre otras cosas, no sobre mi físico".

Recordá

- **No vas a ser falso** por decir las cosas de esta manera.
- Vas a decir lo que pensás....pero **cuidando la forma**.
- La solución de los conflictos no siempre está bajo **tu control**. Estas estrategias no garantizan resultados pero **aumentan tus probabilidades** de resolver los problemas con la gente que te importa.
- **Cuidar tus afectos** ayuda a que te sientas mejor y más acompañado, el esfuerzo vale la pena.

¿Querés ir viendo los progresos en tu guerra contra el enojo?

Podés ir completando día a día este registro.

Registro de sensaciones de enojo						
Lunes	Martes	Miércoles	Jueves	Viernes	Sábado	Domingo

CAPITULO 12

SÉPTIMA PARTE

ORIENTACIÓN A PADRES DE NIÑOS DESAFIANTES[1]

[1]N. de A: Para utilizar con padres de niños de hasta 12 años. Tomado y modificado de Barkley, R. (1997). Niños desafiantes. New York: The Guilford Press.

Introducción al Programa de entrenamiento a padres

A quienes está orientado

Numerosos padres consultan debido a que sus hijos presentan desobediencia, conductas desafiantes, oposicionistas, rabietas o comportamiento hostil. Algunos de estos niños reciben diagnósticos clínicos como Trastorno oposicionista desafiante, Trastorno por déficit de atención con o sin hiperactividad, o trastornos de conducta.

Entre las intervenciones psicosociales que cuentan con mayor apoyo empírico se encuentra el programa de entrenamiento a padres desarrollado por Rusell Barkley[2].

Originalmente pensado para ser implementado en formato grupal, también puede utilizarse de modo individual. Está dirigido a padres de niños desafiantes de entre 2 y 12 años.

Es conveniente la participación de ambos padres. No obstante, con frecuencia son las madres las que más sobrecargadas se encuentran y, por lo tanto, las que más concurren. Esto no significa que los padres permanezcan ausentes sino, que pueden participar aplicando las estrategias en el hogar.

Objetivos

Los objetivos incluyen mejorar la competencia y habilidades parentales para vérselas con los problemas del comportamiento infantil, aumentar el conocimiento parental sobre las causas del comportamiento infantil inadecuado, los principios que subyacen el aprendizaje social de este comportamiento, y mejorar la aceptación por parte del niño de las ordenes y reglas dadas por los padres.

Formato

Se trata de 10 sesiones estructuradas que consisten en la presentación didáctica de material a través de folletos y cuestionarios, mediante técnicas como el modelado, juego de roles, intervenciones cognitivas, etc.

Se exponen contenidos que incluyen el desarrollo de la comprensión de las causas del comportamiento de los niños, la práctica de la atención positiva, tiempo especial, incremento de la obediencia y juego independiente, implementación de sistema de fichas y puntos, tiempo fuera (time out), manejo y anticipación de conductas en lugares públicos,

[2] Barkley, R. A., & Benton, C. M. (2000). Hijos Desafiantes y Rebeldes. Barcelona: Ediciones Paidós Ibérica

tarjetas de informe diario de la conducta escolar y manejo de futuros problemas.

Si bien las sesiones difieren en su contenido, todas tienen una estructura similar; una primera parte en la cual los padres describen cómo fué la implementación de las técnicas durante la semana, qué les dio resultado y qué dificultades encontraron. Luego el terapeuta les provee un feed back, validando y reforzando sus logros, modelando y haciendo sugerencias para superar las dificultades.

Por último, se presentan las técnicas que deberán ser implementadas durante la próxima semana y se dejan unos minutos para que los padres aclaren cualquier duda que pudiesen tener.

Si bien la palabra "entrenamiento" suele ser resistida en nuestro medio, creemos que se ajusta perfectamente al rol que le cabe al terapeuta en el trabajo con padres, similar al de un director técnico. Hace sugerencias, provee estrategias y modela el modo de implementarlas, pero "los que sudan la camiseta en el campo de juego" son los padres.

Duración

El programa, en su versión original, recomienda la implementación en el orden dado de las primeras ocho sesiones con una frecuencia semanal. En la novena, luego de dos semanas, ya que se trata de las tarjetas de informe diario escolar, se requiere que antes de volver a la sesión siguiente los padres cuenten con algunas tarjetas completadas por los maestros. Por último, se pauta una sesión de refuerzo, que se recomienda implementar luego de un mes.

Material incluido y modo de uso

A continuación se incluye un apartado con intervenciones basadas en el programa de Barkley, algunas de ellas resumidas o modificadas con agregados provenientes de la experiencia clínica de los autores.

Las mismas pueden fotocopiarse y utilizarse a modo de folleto o handout para padres. También pueden utilizarse como guía para que los terapeutas utilicen sus propias intervenciones adaptadas a las necesidades de cada paciente. Si bien el formato que ha demostrado ser eficaz en los estudios clínicos controlados es el formato grupal llevado a cabo al pié de la letra durante las 10 entrevistas, creemos que en algunos casos puede que no sea necesario implementar todas las sesiones. Inversamente, puede que por su complejidad algunas técnicas requieran ser repasadas en más de una sesión hasta que los padres logren implementarla de modo adecuado.

Un ejemplo al respecto, muchas veces visto en la clínica, es el tiempo especial de juego. Hay padres que a pesar de los conflictos que estos trastornos ocasionan, tienen la aptitud para dedicar ese espacio de intercambio creativo, libre de crítica a sus hijos. En otros casos, el niño presenta problemas de conducta en el hogar, pero no tiene dificultades en la escuela, por lo cual quizás no sea necesaria la implementación de las tarjetas de informe diario escolar.

Al igual que el resto de las técnicas, será el criterio clínico del terapeuta el que determinará el modo de instrumentar las intervenciones, adaptándolas a las características de cada consulta.

Aclaración:

A lo largo del apartado se hará referencia exclusivamente a "hijo" en masculino. Esto se debe a una cuestión práctica, quizás influenciada por la mayor cantidad de varones que motivan este tipo de consulta en nuestra experiencia clínica.

PASO 1
¿Por qué los niños se comportan inadecuadamente?

Previo a modificar las conductas de un niño, es importante comprender los factores causales de los problemas de conducta. R. Barkley (2000) sugiere que no es posible identificar una causa única para la conducta de un niño. Son múltiples los factores causales que intervienen:

- las características del niño,
- los estresores ambientales,
- las características de los padres y
- las consecuencias situacionales

Las consecuencias situacionales, son un factor que cobra especial relevancia, ya que estará implicado en la mayoría de las intervenciones que realizarán los padres para producir las modificaciones que se desean obtener en el comportamiento del niño.

Si bien en muchos casos resulta difícil comprender por que un niño incurre en una conducta determinada, es importante tener en claro que la misma no se produce por azar, sino que está determinada, en gran medida por las consecuencias obtenidas por el niño.

Comprenda las claves del comportamiento:

1. La conducta está determinada, al menos en parte, por sus consecuencias.
2. Los niños y adolescentes entienden mejor las consecuencias que las razones.
3. Las consecuencias sientan precedentes para futuras conductas.
4. Que una conducta se repita o extinga depende en gran medida de sus consecuencias.
5. Los niños y adolescentes tienden a valorar las consecuencias de un modo más concreto que los adultos.
6. Priorizan los efectos a corto plazo más que a largo plazo.

Ejemplos de las claves del comportamiento

1. El cariño, la sensación de felicidad, una caricia, una felicitación, etc., son consecuencias que influyen en cómo nos comportaremos en el futuro.
2. Su hijo comprenderá mejor:

a. la consecuencia "Cuando termines de estudiar te dejo salir",

b. que las razones: "serás mejor persona y cuando seas grande vas a estar más capacitado para trabajar"

3. Si haciendo un berrinche logra evitar las tareas, al día siguiente recordará la estrategia.
4. Que repita el berrinche o estudie dependerá en parte del resultado que le haya dado.
5. poder jugar a la computadora, un juguete o un caramelo puede ser más importante para el niño que realizar una acción altruista.
6. Los niños tienden a preferir un caramelo hoy antes que cien a fin de mes.

Conceptos útiles para comprender el comportamiento:

Refuerzo:
Toda respuesta a una acción.

Refuerzo positivo:
Una consecuencia deseada que sigue inmediatamente después de una conducta, que aumenta la probabilidad de que la misma se vuelva a repetir.

Extinción:
Todo comportamiento que no produce ninguna consecuencia ni negativa ni positiva tiende a disminuir con el tiempo.

Refuerzo negativo:
Es la suspensión de una situación negativa preexistente o la evitación de una consecuencia indeseada. Se trata de algo que se desea evitar.

Pueden reforzarse negativamente conductas problemáticas o conductas adaptativas, por ejemplo:

- hacer berrinche y evitar bañarse (aunque sea por un rato),
- portarse bien y evitar la penitencia

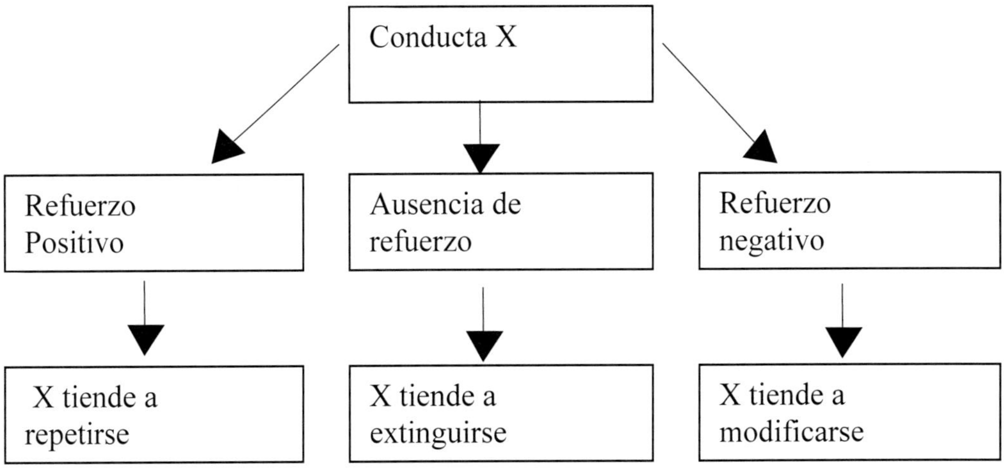

Refuerzo Negativo vs. Castigo

El trabajo con los principios del comportamiento suele confundirse con los premios y los castigos. Si bien los premios pueden asimilarse a los refuerzos, los castigos no son utilizados en estos programas. En lugar del castigo se utiliza el refuerzo negativo, el cual tiene importantes diferencias.

El Castigo consiste en cualquier consecuencia aversiva propiciada por los padres luego de un comportamiento evaluado como negativo. Lamentablemente, constituye una de las estrategias utilizadas con más frecuencia en el aprendizaje. Sin embargo, su uso reiterado suele deteriorar el vínculo entre el niño y la figura de autoridad, además de no favorecer el aprendizaje de nuevos repertorios positivos. Incluso, suele generar falta de motivación. Muchos padres refieren haber probado todo, desde penitencias, como sacarles la tv, computadora, juegos electrónicos, y finalmente dicen "No sé qué más sacarle, es como que todo le da igual". El castigo puede poner fin, temporalmente y en lo inmediato, a una conducta problemática (por eso es tan utilizado). Puede servir para aprender que no hacer, pero ello no implica que favorezca el aprendizaje de comportamientos positivos.

	Castigo	Refuerzo negativo
Definición:	Cualquier consecuencia aversiva propiciada por los padres luego de un comportamiento evaluado como negativo. Haga lo que haga, no se puede modificar. Carácter de "venganza"	Una consecuencia que la persona desea evitar. Al modificar la conducta, la consecuencia no deseada desaparece. Carácter de aprendizaje
Ejemplos	"Por tus malas notas ahora no salís durante un mes". "pegar un chirlo cuando hace pataleta"	"Si no estudias una hora no podés usar la computadora". "decirle que hasta que no se calme no va a poder ir a jugar".

Comprendiendo el poder de las consecuencias

Frecuentemente resulta difícil entender el modo de actuar de los niños y adolescentes. Para comprender por qué sus hijos repiten ciertas acciones que los perjudican puede ser útil entender el poder de las consecuencias o refuerzos.

El poder de las consecuencias

1. Consecuencias positivas por conductas positivas aumentan su frecuencia.
2. Toda conducta que no tiene consecuencias tiende a extinguirse.
3. Consecuencias negativas por conductas negativas disminuyen su frecuencia.

¡Las consecuencias positivas suelen ser más eficaces para el cambio que las negativas!

Ejemplos del poder de las consecuencias:

1. Si por estudiar obtuvo el privilegio de ver su programa preferido, es probable que quiera volver a estudiar
2. Si ante un "llanto caprichoso", la madre no responde, con el tiempo dejará de llorar.
3. Si mientras realiza un berrinche se lo priva de ver su programa preferido, es posible que deje de hacerlo.

Es más probable que quiera estudiar si lo incentivamos con beneficios que si los amenazamos con castigos.

¿Por qué persisten ciertas conductas indeseadas?

Todo comportamiento puede ser reforzado, incluso aquellos que pueden ser perjudiciales para los niños, sin que uno sea conciente de ello. Veamos algunos ejemplos:

I. Refuerzo positivo de conductas problema:

Mónica, madre de Matías, un niño de 5 años. "Todo empezó hace un mes. Lo fui a buscar al mediodía al jardín, y en la esquina pasamos por la puerta de un kiosco. Mati me pidió un alfajor, pero yo le dijo que no, porque íbamos a almorzar en casa. Entonces el se tiró al piso a gritar que quería un alfajor. Encima estaba al lado de la parada del colectivo, y las madres de todos los compañeritos me miraban horrorizadas. Yo no sabía que hacer. Le pedí que se levante, pero el insistía en que le compre el alfajor. Al final me ganó por cansancio, y se lo terminé comprando. En cuanto se lo di, se secó sus lágrimas y se tranquilizó".

Conducta problema: pataleta frente al kiosco.
Refuerzo positivo de la conducta problema: se le compra el alfajor
Resultado: aprende que con pataleta puede obtener lo que quiere.

II. Refuerzo negativo de conductas problema:

Silvia, madre de Emiliano, un niño de 6 años: "Todos los días es un drama para bañarlo. Le digo que se vaya a bañar, y me dice: ¡ya va!, mientras sigue jugando. Se lo tengo que repetir como 20 veces, y eso me desgasta, porque me lleva como media hora. Finalmente lo termino llevando a la fuerza y él llora".

El resultado final de la conducta de Emiliano fue negativa: lo llevaron a la fuerza y terminó llorando. No obstante, desde su perspectiva, las cosas son diferentes. Emiliano se centra en el aquí y ahora, y durante un buen rato logra lo que quiere: evitar bañarse (además de seguir jugando)

Conducta problema: desobedece el pedido de la madre.
Refuerzo negativo de la conducta problema: evita bañarse
Resultado: aprende que diciendo "ya va" evita bañarse y puede seguir jugando

III. Ausencia de refuerzo positivo de conductas positivas:

Luego de meses de obtener malas notas en la escuela, Sofía finalmente obtiene un 8 en la evaluación de historia. Su madre considera que es su deber obtener dichas calificaciones y además está enojada por los resultados anteriores, por lo tanto no hace ningún comentario al respecto.

Conducta positiva: Obtener un 8.
Refuerzo positivo ausente de la conducta positiva: felicitarla por ésa buena calificación
Resultado: puede pensar que esforzarse no tiene sentido si cuando lo hace nadie lo valora.

IV. Problemas al utilizar la Extinción:

La extinción implica la ausencia o retiro de refuerzo luego de un comportamiento que se repite frecuentemente.

Ejemplo: La madre de una niña de 4 años refiere:"Estoy preocupada porque mi hija Florencia llora por cualquier cosa. Encima, yo me angustio mucho al verla llorar, entonces la abrazo, le digo "pobrecita", que no llore, la consuelo, etc".

Conducta problema: llora por cualquier cosa.
Refuerzo positivo de la conducta problema: la madre la consuela.
Resultado: aprende que llorando obtiene el consuelo y la atención de la madre.
Extinción: consistiría en retirar la atención ante llantos provocados por situaciones irrelevantes.

Claves de la extinción:

- Para que esta estrategia resulte eficaz, hay que aplicarla sistemáticamente en varias ocasiones.
- al comenzar a aplicarla, la conducta suele agravarse antes de mejorar.
- Sus efectos a mediano plazo son importantes y estables.
- Considérelo una inversión para obtener los resultados deseados.

Siguiendo el ejemplo anterior, si la madre deja de consolar a Florencia, es probable que en un principio la niña llore aún más, ya que está acostumbrada a obtener el consuelo. No obstante, cabe esperar que luego de reiteradas oportunidades en la que falle en obtener lo que desea, el llanto disminuya.

Conductas positivas que podrían reforzarse

No solemos estar acostumbrados a reforzar las conductas positivas de los niños y solemos prestar más atención a las conductas negativas. Suele ser útil tomarse unos minutos para registrar aquellas conductas positivas que se podrían reforzar.

Conductas positivas*	Posibles refuerzos

* Ejemplos: levantó la mesa, tendió su cama, ordenó sus juguetes, jugó tranquilo, no interrumpió, me sonrió, se lavó los dientes, etc.

Refuerzo de conductas problema

Inadvertidamente, solemos reforzar numerosas conductas problemáticas. Suele ser provechoso utilizar este Registro de refuerzos de conductas problema para observar las situaciones en las que el niño realiza una conducta disfuncional, e inmediatamente obtiene algo que desea.

Conducta problema (1)	Refuerzo de la conducta (2)	Resultado (3)

Ejemplos:

(1) hace berrinche por que quiere un dulce
(2) finalmente le compro el dulce
(3) aprende que con berrinches obtiene lo que quiere.

REGISTRO S-R-C (Situación-Reacción-Consecuencia) Para el Monitoreo de la Interacción Padres-Hijos

Se recomienda realizar una auto-observación en el hogar de la interacción entre usted y su hijo.

En la primer columna se discrimina una conducta problemática, la situación y momento en que ocurre. La segunda columna describe de modo concreto la respuesta del padre ante el problema. La tercer columna describe la respuesta del niño ante la intervención parental al instante y a los diez minutos. Esto se debe a que frecuentemente el niño reacciona mal al instante de ser aplicada la consecuencia, pero si el padre mantiene de modo consistente su respuesta, el niño suele obedecer o modificar su comportamiento negativo.

Este es el ejemplo de los padres de Tomy.

Que hizo Tomy	Mi reacción (Consecuencia)	Reacción de Tomy (al instante y 10 min después)
Exigía que le compre unos caramelos antes del almuerzo. Como se los negué se puso a hacer berrinche en la calle.	Le dije una vez más que antes tenía que comer. Luego lo ignoré.	Lloró 5 minutos más y después se tranquilizó
Se quería quedar en el sector juguetes del supermercado. Me decía en voz alta: "Esperame, esperame"	Le dije tranquila: "Me voy, Tomy" y seguí caminando	Me siguió apurado
Remoloneaba para hacer los deberes	Perdí los estribos. Le grité y lo mandé al cuarto	Se puso a berrinchear y no hizo los deberes al final
Otra vez conflicto para hacer los deberes. Me pedía que lo espere hasta que terminasen los dibujitos.	Tranquila, apagué la tele y le dije: "Vos decidís. Cuando termines los deberes ves la tele"	Refunfuñó un rato. Minutos después aceptó.

Registro S-R-C para ser completado por los padres

Que hizo mi hijo	Mi reacción (Consecuencia)	Reacción de mi hijo (al instante y 10 min. después)

COMPRENDA EL CIRCUITO DE LA DESOBEDIENCIA

PADRES CEDEN O FUERZAN

CONSECUENCIAS DE ESTE CIRCUITO

- Las primeras órdenes pierden eficacia ya que el niño se acostumbra a obedecer sólo cuando lo fuerzan.
- El niño gana tiempo para seguir haciendo lo que quiere.
- La relación suele desgastarse por este circuito.
- El niño se irrita con sus padres y comienza a verlos como adversarios que lo único que hacen es darle órdenes.

¿Cómo modificar este circuito?

Comience por mejorar la relación con su hijo

Preste atención cuando su hijo obedece

Aumente su motivación con sistemas de fichas o puntos

Tiempo fuera

Manejo de los niños en lugares públicos

Estrategias para mejorar la conducta escolar

Manejo de futuras dificultades en el comportamiento

PASO 2
Comience por mejorar la relación con su hijo:

A. "Tiempo especial"

- Seleccione un momento de cada día en el cual se dedicará exclusivamente a JUGAR con su hijo.
- Puede ser de 10 a 20 minutos.
- Usted sólo con él.
- Él debe escoger la actividad (no debe ser "ver la televisión"), pero es preferible que sea algo que disfruten ambos. Así, es más probable que esta actividad se sostenga.
- No tome el control del juego, no critique, no cuestione, no le enseñe ni corrija.
- DISFRUTE de su hijo.
- Simplemente describa o comente lo que su hijo hace. "Ah, ahora estás agarrando el auto rojo....." "El robot blanco lo hace bolsa al negro!"
- Apruébelo, elógielo: "¡Qué bien te salen los perritos de plastilina!"
- Si comienza a portarse mal, ignórelo por unos minutos.
- Si continúa, dígale que el tiempo de juego ha terminado y retírese.
- Trate de hacerlo por lo menos 5 veces en la primera semana.
- Luego puede disminuir la frecuencia.
- Se recomienda continuar este tiempo especial de juego indefinidamente.

B. Motívelo mediante la aprobación

Gestos de aprobación	Palabras de aprobación
Abrazarlo Besarlo Darle una palmada, caricia Sonreírle Gesto de aprobación con la mano	"¡Qué bueno que sos!" "¡Muchas gracias por...!" "¡Excelente!" "Buenísimo" "Pareces más grande cuando..." "¡Qué bien como hiciste eso!" "¡Como te portaste bien, vamos a..." "Estoy muy orgulloso de vos cuando..." "Me encanta cuando haces ..."

Importante:

- Apruébelo en el momento, no deje pasar tiempo.
- Valore la conducta específica del niño y dígaselo.
- Términos como "te portaste bien" o "te portaste mal" son muy generales. No le explican al niño lo que hizo bien.

- No haga comentarios irónicos tal como:

"¡Al fin haces algo bien!".

"¡Ves que cuando querés podés!".

Por ahora ignore o evite criticarlo por las faltas menores.

¡¡Consiga paz en su hogar!!

PASO 3
Preste atención cuando su hijo obedece:

A. Descubriendo las buenas conductas

- Cuando usted da una orden, márquele enseguida lo bien que lo está haciendo.
- Elógielo cuando comience a obedecer.
- Puede irse por unos momentos si tiene que hacerlo, pero:
- Regrese frecuentemente para elogiar su obediencia.
- Si lo encuentra realizando una tarea sin que se lo haya pedido, este es el momento para ofrecerle elogios especialmente positivos.
- Elija dos o tres órdenes que obedezca inconsistentemente y concéntrese especialmente en elogiarlo y prestarle atención cada vez que comience a responder a ellas.

B. Entrénelo en obediencia

- Escoja un momento en el que su niño no esté muy ocupado.
- Pídale que le haga pequeños favores, tales como: "Pasame la sal (cuchara, toalla, revista, etc.)", "Guardá tu mochila".
- Dé ordenes que sean breves y fáciles de realizar.
- Dé cinco o seis de estas órdenes seguidas durante unos minutos.
- Cada vez que obedezca, elógielo.
- Póngalo en práctica varias veces al día.
- Si las órdenes son muy sencillas, la mayoría de los niños las realizarán.

C. Como dar órdenes efectivas

Ningún niño obedece el 100% de los mandatos que se le dán. No obstante, está comprobado que el modo en que se presente la orden puede aumentar o disminuír la probabilidad de que la misma sea cumplida. Por ese motivo se recomienda lo siguiente:

- Asegúrese que va a cumplir lo que dice.

  "No vas a salir en todo el año" ¿Lo cumpliría usted? En caso contrario perdería credibilidad.

- Planifique respaldarlo con las consecuencias apropiadas, tanto positivas como negativas.

  "Si volvés a las 9, la semana que viene te dejo salir hasta las 10. "Si llegás más tarde la próxima no salís".

- No presente el mandato como una pregunta o un favor.

  "Mi amorcito, ¿no serías tan bueno de ayudar a tu mamá que te quiere tanto y ponés la mesa? Por favor". Se recomienda BUENOS MODALES pero con FIRMEZA.

- Dé sólo una instrucción específica a la vez.

  "Juancito, andá a lavarte los dientes, después la cara, ordená tu pieza y ayudame a poner la mesa". ¿Cree que recordará todo? ¿Qué probabilidad hay de que lo logre? ¿Con tantos mandatos la motivación de su hijo aumentará o disminuirá?

- Si la tarea es compleja, sepárela en pasos más sencillos.

  Una vez que se lavó los dientes pídale que se lave la cara. Luego de hacerlo, que ordene su pieza, etc.

- Asegúrese de que su niño lo mire a los ojos.

  Las palabras son sólo una parte de la comunicación. Con su mirada puede enfatizar su pedido y aumenta la probabilidad de que lo escuche.

- Reduzca todas las distracciones.

  Si su hijo está jugando en la computadora y usted desde la cocina lo llama a comer ¿qué efecto cree que puede tener? ¿Qué lo atrae más, su llamado o los jueguitos?

- Pídale al niño que repita la orden para asegurarse que entendió.

  Lucas andá a comprar manteca. Cinco minutos más tarde con una sonrisa le dice: "mirá mamá compre el pan que me pediste".

PASO 4
AUMENTE SU MOTIVACIÓN CON SISTEMA DE FICHAS O PUNTOS:

Este sistema consiste en usar fichas o puntos para premiar la buena conducta y disminuir la inadecuada.

Los pasos son:

1. Haga una lista de las conductas apropiadas por las cuales sería premiado.
2. Un listado de premios que podrán ser intercambiados por las fichas o puntos.
3. Especifique cuantos puntos valdrá cada conducta
4. Especifique cuantos puntos valdrá cada beneficio.

Aclaraciones:

1. Con niños:

Menores de 8 años	De 8 a 12 años
Fichas tangibles: fichas de colores, caritas, estrellas.	Puntos que se registrarán en: Un cuaderno Archivo de computadora

2. ¿Qué es lo que más tensión genera en la convivencia? Sea especialmente generoso con ello.

Los padres de Damián se quejaban de lo imposible que era levantarlo a la mañana. El sistema de puntos que confeccionaron fue el siguiente:

Poner la mesa	1 punto
Hacer la tarea	5 puntos
Levantarse sin protestar a la mañana	10 puntos

En cambio los padres de Pedro sufrían mucho a la hora de hacer la tarea, generándose peleas interminables. Este fue el sistema de puntos que armaron.

Levantarse sin protestar	1 punto
Poner la mesa	5 puntos
Hacer la tarea	10 puntos

Importante:

No existe un modo adecuado o universal de armar el sistema de puntos.

Dependerá de los intereses y dificultades que presente cada niño en particular.

Es un trabajo artesanal su confección, y se trata de un proceso de ensayo y error.

No se desaliente si al principio no logra el entusiasmo o resultado esperado.

No es posible que el niño no se interese por el sistema, ya que ningún chico deja de desear beneficios o recompensas.

Es muy importante que éstas no sean obtenidas por fuera del sistema de puntos, ya que ello tiraría por la borda todos los esfuerzos.

Si el niño luego de una semana no puede obtenerlos, es preferible bajar el nivel de dificultad de las tareas o aumentar los beneficios a cambio de las mismas.

¡Ante la duda, sea generoso!

A. EL PROGRAMA DE FICHAS

Recomendable para niños menores de 8 años

- Consiga fichas plásticas (como las de los juegos de mesa).
- Con niños menores de 5 años todas las fichas tienen el mismo valor.
- Niños de 6 a 8 años, el valor puede variar de acuerdo al color.
- Explíquele que siente que no lo recompensaba lo suficiente por hacer cosas agradables. Que quiere cambiar eso y que establecerá un nuevo programa de recompensas para que pueda ganar cosas y privilegios agradables por comportarse correctamente.
- Deben preparar una bonita caja de ahorros.
- Una lista de los privilegios que quiere que su niño se gane con las fichas de póquer. Pueden ser: ocasionales (ir al cine, patinar, comprar un juguete) y diarios (televisión, juegos de video, juguetes especiales que existan en el hogar, andar en bicicleta, etc.).
- Otra lista que contenga los trabajos y tareas que frecuentemente tendrá que realizar para obtener los privilegios.
- Asigne un valor en fichas a cada tarea. Mientras más difícil sea el trabajo, mayor será la cantidad de fichas que pagará.
- Asigne un valor a cada privilegio.
- Calcule cuanto ganaría en un día. Se sugiere que dos tercios de las fichas diarias deben ser gastadas en sus privilegios diarios típicos, pudiendo ahorrar para acceder a las recompensas especiales en la lista.
- Dígale que puede ganar fichas de bono cuando realiza la tarea de buena manera, amable, agradable y rápidamente.
- Y que las fichas sólo se ofrecerán por tareas que se realicen luego de la primera petición.
- Asegúrese de ser generoso con las fichas esta semana y ofrézcalas por cualquier comportamiento apropiado, no importa cuan pequeño sea.

Nota: Esta semana no le quite fichas al niño por mal comportamiento. Puede hacer esto cuando su terapeuta le indique, pero de lo contrario las fichas deben usarse SOLO como recompensas durante esta semana, no retirarse a manera de castigo.

B. EL PROGRAMA DE PUNTOS

Recomendable para niños mayores de 8 años

Se utiliza el mismo concepto que para el sistema fichas, con ciertas modificaciones:

- Tome un cuaderno y divida las hojas como en una libreta de ahorros, con cinco columnas para las siguientes:

Fecha	Ítem	Depósito	Retiro	Balance

- Cuando el niño es recompensado con puntos, escriba la tarea bajo "Ítem" y la cantidad como un "depósito".
- Súmelo al "balance" del niño.
- Cuando compra un privilegio con sus puntos, escriba el privilegio bajo "Ítem", coloque esta cantidad en la columna de "retiro" y deduzca esta cantidad al "balance".
- Utilice números mayores que en el programa de fichas. Generalmente usamos: 5 a 25 puntos por las tareas diarias
- Hasta 200 puntos por tareas que requieran mayor esfuerzo.

Recuerde no quitar puntos durante la primer semana.

C. Consejos para la implementación del sistema de puntos o fichas

I. ¿Para que sirven las recompensas?

Manuel, padre de un niño hiperactivo, explica en la primer consulta: "Yo noto que mi paciencia varía mucho dependiendo de cómo me fué durante el día en mi trabajo. Algunas veces llego después de un buen día y encuentro a Lucas peleando con el hermano. En esos momentos recuerdo que él es hiperactivo, que por ese motivo está realizando tratamiento y que necesita que lo contenga; entonces los separo y lo llevo a hacer algo conmigo. Pero me pasa que otras veces tuve un mal día, llego cansado a casa y me encuentro con un caos y los chicos peleándose. Entonces exploto, termino gritándoles, castigándolos y discutiendo con mi esposa".

El objetivo del sistema de puntos y fichas es:

- Incorporar reglas más claras.
- Permitirles a los niños anticiparse a las consecuencias de sus conductas.
- Incrementar la motivación para cumplir con los mandatos parentales.

II. ¿Por qué debo recompensar a mi hijo?

Ernesto, padre de un niño hiperactivo y desafiante, refiere en consulta "Yo tengo tres hijos y el que siempre se niega a obedecer es el menor. En cambio los dos mayores son serviciales y obedientes. ¿Por qué tendría que recompensar al menor por algo que debería hacer de todos modos? Creo que sería injusto para los hermanos".

Hay que entender que:

- Todos los padres utilizan premios y castigos.
- Cuando los hijos cumplen con sus responsabilidades les otorgan beneficios.
- Se los retiran cuando no cumplen con ellas.
- Suele pasar que esto ocurre de modo irregular, y en ocasiones hasta contradictorio.
- Algunos niños requieren ciertas adaptaciones por parte del entorno.

Por ejemplo:

> Si tuvieran un hijo con una discapacidad motriz, no tendrían inconveniente en realizar adaptaciones edilicias (por ejemplo, construcción de rampas, instalación de barandas). Con algunos niños con problemas de conducta ocurre lo mismo, y en muchos casos con la felicitación no es suficiente para que modifiquen su conducta. Por eso recomendamos la utilización de este sistema que ha demostrado ser eficaz para incrementar la adherencia a los mandatos parentales.

PASOS 5 Y 6
¡TIEMPO-FUERA! (TIME OUT)

A. ¿Cómo implementarlo? Primero:

- Dé una orden en un tono de voz agradable pero firme.
- Cuente en voz alta, al revés, del 1 al 5 (Más tarde le pediremos que sólo cuente en silencio).

Si no ha comenzado a obedecer:

- Establezca contacto visual directo con el niño.
- Alce la voz levemente.
- Adopte una postura firme y diga: "¡Si no (hacés lo que te pedí), entonces vas a ir a sentarte en aquella silla!"
- Una vez que haya hecho esta advertencia, cuente nuevamente del 1 al 5 en voz alta.
- Si el niño no ha comenzado a obedecer durante estos 5 segundos, entonces dígale:"¡No hiciste lo que te pedí, así que debés ir a la silla!" y llévelo.
- Debe ir a la silla inmediatamente, sin importar las promesas que pueda hacer.
- Coloque al niño en la silla y diga firmemente: "¡Te quedás ahí hasta que te diga que te levantes!". Puede decirle que usted no regresará a la silla hasta que se calme.
- No discuta con su niño mientras está en tiempo-fuera.
- Ninguna otra persona debe hablarle durante este tiempo.
- Asegúrese de no perderlo de vista mientras está en la silla.

B. ¿Cuánto tiempo deberá permanecer en la silla?

Depende del cumplimiento de 3 condiciones:

1. El niño deberá cumplir una **"sentencia mínima"**.
   Puede ser de alrededor de 1 a 2 minutos por cada año de edad. Use la regla de 1 minuto para comportamiento inapropiado leve o moderado, y la regla de 2 minutos para comportamiento que sea grave. Así, un niño de 6 años deberá permanecer al menos 6 o 12 minutos en la silla dependiendo de la gravedad de la falta cometida.

2. Deberá **estar calmado** una vez que haya cumplido la sentencia mínima.
   En caso de seguir haciendo berrinches, el tiempo se prolonga hasta que se tranquilice.

3. **Debe acceder a realizar lo que se le pidió que hiciera**.
   Una vez que se haya calmado por unos segundos, si no accede a hacer el mandato que se le dio originalmente, deberá continuar en la silla. En caso que se lo haya enviado a la silla por haber cometido una falta que no pueda corregir, deberá prometer no volver a hacerlo.

C. ¿Donde debe colocarse la silla?

Debe colocarse lejos de la pared para que no pueda patearla mientras está sentado.
No debe haber objetos cerca que puedan usarse para jugar.
No se debe permitir que vea televisión desde la silla.
La ubicación debe ser tal que los padres puedan observarlo mientras continúan con sus actividades, sin tener que quedarse parados delante de él.

D. Preparación para el uso del tiempo afuera

La primera semana será probablemente la más difícil.
En los primeros días pueden incrementarse las rabietas del niño debido su resistencia a permanecer en la silla.
Aclare sus dudas antes de comenzar.
No lo implemente hasta no estar seguro.
Es necesario implementarlo con rigurosidad al comienzo.
Puede que algunos padres tengan reparos en la implementación.

¿No afectará su autoestima o nuestra relación?
En una consulta una madre dijo: "yo no estoy convencida de implementarlo con mi hijo, porque me parece que va a afectarle la autoestima". Al indagar sobre el modo en que frecuentemente resolvía los conflictos con el niño, pudo constatarse que ante los berrinches se producían escaladas de violencia, con una serie de gritos en los que ambos se decían cosas hirientes, y en ocasiones terminaba con el castigo físico.

Es necesario desmitificar el uso del tiempo fuera.
Simplemente se trata de un retiro de refuerzo.
Adquiere valor tan sólo por lo que el niño se pierde de hacer en ese momento.
Suele disminuir las escaladas de agresiones.
Evita el circuito de gritos que en ocasiones termina en castigo físico.
Generalmente, luego de la primera o segunda semana, el niño acepta ir a la silla sin ofrecer resistencia.
Se evita a largo plazo una serie de situaciones que podrían deteriorar los vínculos y la convivencia.

E. Estrategias de los niños para evitar el tiempo afuera

1. Pedir ir al baño, bajo amenaza de orinarse en la silla.

- En nuestra experiencia esto jamás ha pasado.
- Explíquele que podrán ir una vez que se cumplan los tres requisitos para salir de la silla.

2. Decir que no quiere más a los padres y otros reproches.

- Algunos padres se sienten afectados por este tipo de comentarios, pudiendo generarles mucha culpa.
- Estos comentarios suelen ser manipulativos o estar relacionados con momentos de gran activación emocional.

3. Moverse, correr la silla, patear los objetos que hay alrededor.

- Estas conductas son tomadas como abandono de la silla e implican comenzar con el tiempo nuevamente.

4. Quejarse de enfermedad, dolores o ganas de vomitar.

- Es recomendable ignorar estas manifestaciones, a menos de que haya evidencia de enfermedad o malestar previo al uso de la silla.
- Ningún niño ha contraído enfermedades por permanecer sentado en una silla de su casa.
- Una vez que los niños descubren que esa estrategia no llama la atención de los padres, suelen dejarla de lado.

5. Quejarse de tener hambre o sueño.

- Esto suele darse cuando los padres tienen dificultades para que el niño se siente a comer, o a la noche para que se vaya a dormir.
- Es recomendable que permanezca en la silla hasta que se hayan cumplido las tres condiciones. Aún al costo de que coman o se acuesten un poco más tarde.

6. Negarse a abandonar la silla una vez que se cumplieron los requisitos. "Ahora no me voy, me quedo todo el tiempo que yo quiera".

- En este caso se recomienda iniciar nuevamente el período de tiempo fuera.
- Lo importante es que sólo finalice cuando los padres lo decidan.

F. Utilización del tiempo fuera con niños agresivos

Interconsulta médica:

Si considera que puede dar lugar a una escalada de violencia, es recomendable no implementarlo hasta evaluar la posibilidad de realizar una interconsulta psiquiátrica.

Resistencia física:

Algunos de los padres temen por la resistencia física que pueda oponer el niño, especialmente cuando son un poco más grandes. Frecuentemente la madre teme hacerlo, ya que el niño puede presentar más resistencia con ella que con el padre.

Susana, madre de Nicolás de 10 años refiere "Nico es muy distinto cuando está conmigo que con el padre. Cuando está conmigo me insulta, le pega a la hermana y me desobedece cuando lo reto. Yo lo amenazo con que le voy a contar al padre cuando llegue del trabajo, pero ni siquiera así lo puedo controlar. En cambio cuando llega el padre no se anima a hacer todo eso, porque le tiene miedo. Me imagino que si estoy sola y lo quiero poner en la silla lo voy a tener que correr por toda la casa."

En estas situaciones es recomendable que:

- Al principio la madre utilice el tiempo fuera sólo en presencia del padre.
- Cuando se sienta más segura intente implementarlo sola.

PASO 7
MANEJO DE LOS NIÑOS EN LUGARES PÚBLICOS

Muchos padres de niños desafiantes experimentan dificultades cuando salen con sus hijos. Ir a la casa de familiares, restaurantes o supermercados puede ser caótico. Esto lleva a que eviten dichas situaciones, distanciándose y aumentando el aislamiento.

Para revertir esta situación se recomienda implementar los siguientes 4 pasos:

Anticipese
Incentívelo
Adviértale
Planifique

A. ANTICIPESE. Establezca las reglas antes de entrar al lugar

Intente despreocuparse de lo que pueda pensar o decir la gente acerca de la interacción con su hijo y focalícese en anticiparse y manejar su comportamiento. Dé dos o tres mandatos claros en la puerta, y pídale que los repita. "Ahora vamos a entrar al supermercado. Quiero que no corras, no pidas y no te pelees con tu hermano. ¿Qué tenés que hacer?"

B. INCENTÍVELO Establezca un incentivo para que el niño obedezca

"Si me obedecés vas a ganarte X fichas o puntos"

C. ADVIÉRTALE: Establezca las consecuencias negativas por la desobediencia

En casos leves podrá restarle puntos o fichas. Para conductas más severas podrá implementar El TIEMPO FUERA EN EL LUGAR PUBLICO: elija un sector que sea tranquilo y medianamente aburrido. Dígale que en caso de desobedecer deberá hacer el tiempo fuera parado en ese lugar. El tiempo puede ser menor que en su hogar ya que son más atractivos los estímulos que se pierde estando en un lugar público.
En caso que se niegue a hacer el tiempo fuera en el lugar público, podrá hacerlo en el automóvil.
Raramente es necesario implementar el procedimiento, la advertencia suele ser suficiente.

D. PLANIFIQUE: Ofrézcale a su niño una actividad para realizar

Una situación aburrida es un caldo de cultivo para problemas de conducta. Por ejemplo:

- Viajes largos en automovil.
- Salas de espera en consultorios.
- Esperar a que sirvan la comida en un restaurant.
- Compras en el supermercado.

Todas estas situaciones suelen generar dificultades. Por ese motivo se recomienda:

- Llevar juguetes.
- Hojas y lápices para dibujar.
- Encomendar tareas entretenidas para que realice.
- Buscar ciertos productos, comparar los precios, etc.

En resumen:

Evite que se aburra.
Manténgalo entretenido.

PASO 8
Estrategias para mejorar la conducta escolar desde la casa: Tarjetas de informe diario escolar

A. ¿Por qué es importante trabajar con la escuela?

Mucho de los niños que presentan conductas desafiantes en el ámbito del hogar, también suelen tener dificultades conductuales en la escuela. De hecho, gran cantidad de consultas son promovidas por los reclamos y preocupaciones de los docentes y autoridades de la institución escolar.

B. ¿Por qué es más complejo el trabajo en la escuela?

Desafortunadamente, la intervención y modificación de conductas desplegadas en este ámbito suele ser más difícil debido a que:

- Es más complejo administrar disciplina en el aula, ya que son muchos niños.
- Los maestros no cuentan con las mismas herramientas que los padres para recompensar o desalentar las conductas de los niños.
- Los padres tienen menor incidencia en este ámbito, ya que no están presentes cuando se despliegan las conductas desafiantes.
- En ocasiones se enteran luego de que el niño ha tenido gran cantidad de problemas y son citados o reciben notas en el cuaderno de comunicaciones, cuando "la gota rebalsa el vaso". En esos casos suelen hacer reprimendas o castigos que carecen de efectividad por ser a destiempo. *"¿Cómo puede ser Valentín? Me llegó una citación al colegio porque parece que la semana pasada no paraste de pelearte con tu compañero de banco. Ni sueñes que vas a salir este fin de semana".*
- Por lo general los niños no suelen comentar demasiados detalles de su comportamiento en la escuela. Diálogos como el siguiente son muy frecuentes:

  Madre: ¿Cómo te fue hoy en la escuela?
  Hijo: Bien.
  Madre: Bueno, pero contame que hiciste.
  Hijo: No se. No me acuerdo.

- Incluso cuando los padres tienen la posibilidad de comunicarse con los docentes, suelen llevarse una impresión global de la conducta del niño. "Se porta bien, o se porta mal". Esta información no tiene demasiada utilidad, ya que si nos informan que se porta mal, no especifican cuales son las conductas inadecuadas, ni cuales son las conductas positivas que también están presentes.

C. ¿Qué utilidad tienen las tarjetas de informe diario?

Ante estas dificultades, las tarjetas de informe diario de la conducta escolar intentan cumplir los siguientes objetivos:

- Aumentar la influencia parental sobre las conductas del niño en la escuela.
- Hacer extensivo el sistema de puntos y fichas a la escuela.
- Mejorar la comunicación entre los docentes y los padres.
- Requieren poco tiempo y esfuerzo para ser completadas por parte de los docentes.
- Brindar a los padres y profesionales tratantes información específica y detallada sobre comportamientos tanto positivos como negativos.
- Darle a los padres la posibilidad de intervenir tempranamente ante las dificultades, motivando y sugiriéndoles a sus hijos estrategias alternativas de afrontamiento.
- Poder cuantificar y evaluar durante un período de tiempo la evolución de la conducta del niño.

D. ¿Cómo implementarlo?

1. Se realiza una tarjeta, la cual consta de:
   Una columna donde se explicitan las conductas esperadas del niño y otras columnas donde se pone el puntaje obtenido.
2. Luego la maestra la completa utilizando una puntuación que podría ser la siguiente:

1 =excelente, 2= bueno, 3= regular, 4= pobre y 5= muy pobre

3. Estos puntajes podrán ser incluidos en el sistema de puntos o fichas, por ejemplo del siguiente modo:

1=5 fichas, 2=3 fichas, etc.

4. Finalmente el niño podrá canjear estas fichas por beneficios, al igual que las fichas obtenidas por el resto de sus tareas.

   A la hora de seleccionar las conductas que serán incluídas dentro del informe, se recomienda consensuarlo con la maestra, tratando de ser lo más específicos posible. Algunos ejemplos, utilizados especialmente con niños hiperactivos, son los siguientes:

   - Participa en clase.
   - Completa la tarea.
   - Se lleva bien con sus compañeros.
   - No empuja ni pega.

- No carga ni molesta.
- Obedece a la maestra.
- Permanece callado cuando corresponde.
- Permanece sentado cuando corresponde.
- No realiza berrinches.
- No abre la puerta ni se baja del transporte cuando no corresponde.

Dependiendo de donde se manifieste el conflicto principalmente, se puede realizar una tarjeta para:

- el aula.
- el recreo.
- el transporte escolar.

Se recomienda que en principio la maestra complete una tarjeta cada día y la envíe junto al cuaderno de comunicaciones del niño.
A continuación se muestra un ejemplo de tarjeta como las que se proponen en "Terapia Cognitiva para Niños y Adolescentes. Manual para la práctica clínica". M. Reinecke, F. Datillio & A. Freeman[3].
Esta puede ser completada sólo por el profesor cuando se la quiere utilizar para incentivar al niño, pero también puede ser completada por el niño y premiarlo cuando coincide con la evaluación del profesor, para aumentar el grado de registro que el niño tiene sobre su propia conducta.

[3] Reineke, M., Dattilio, F., & Freeman, A. (1996). Cognitive Theraphy with Children and Adolescents. New York: The Guilford Press.

Tarjeta de evaluación para maestros

Nombre:...................................... Fecha:.........................

Conducta	Nada	Poquito	Más o menos	Bastante	Mucho	Puntaje
Me distraje	1	2	3	4	5	Puntos: Bonus: Total:
Trabajé en silencio	1	2	3	4	5	Puntos: Bonus: Total:
Hice bien la tarea	1	2	3	4	5	Puntos: Bonus: Total:
Participé en clase	1	2	3	4	5	Puntos: Bonus: Total:
Terminé la tarea	1	2	3	4	5	Puntos: Bonus: Total:

Tarjeta de auto-evaluación

Nombre:...................................... Fecha:.........................

Conducta	Nada	Poquito	Más o menos	Bastante	Mucho	Puntaje
Me distraje	1	2	3	4	5	Puntos: Bonus: Total:
Trabajé en silencio	1	2	3	4	5	Puntos: Bonus: Total:
Hice bien la tarea	1	2	3	4	5	Puntos: Bonus: Total:
Participé en clase	1	2	3	4	5	Puntos: Bonus: Total:
Terminé la tarea	1	2	3	4	5	Puntos: Bonus: Total:

A continuación se presenta una tarjeta de informe diario para ser completada por los padres. Siguiendo el modelo recomendado por R. Barkley[4].

TARJETA DE INFORME DIARIO PARA LA CONDUCTA ESCOLAR

Nombre del niño:......................... Fecha:.......................

Maestro(s):

Evalúe el comportamiento del niño durante el día de hoy. Especifique. Use la siguiente escala: 1 = excelente, 2 = bueno, 3 = regular, 4 = pobre y 5 = muy pobre. Si desea realizar algún comentario, puede hacerlo al dorso de la tarjeta.

Materia / Recreo / Transporte

Comportamientos a ser evaluados:	1	2	3
Iniciales del maestro			

[4]Barkley, R. A. (1998). Niños Desafiantes. Material de evaluación y folletos para los padres. New York: The Guilford Press.

En esta versión se evaluan diariamente junto a la docente a lo sumo tres grupos de conductas concretas. Se colocan en los ejes verticales correspondientes a cada día un ícono representando una carita correspondiente a la adecuación del comportamiento: Feliz, regular o triste. De acuerdo a los resultados, los padres podrán reforzar diariamente al niño, apoyando a la docente en el monitoréo de la conducta escolar.

Ejemplo:

Conducta	L	Ma	Mie	J	V
Copió del pizarrón					
Silencio en clase					
Hizo caso					

A continuación, le ofrecemos un modelo de tarjeta-registro en blanco para ser completada diariamente por el/la docente.

Conducta	L	Ma	Mie	J	V

PASO 9
Manejo de futuras dificultades en el comportamiento

El programa de entrenamiento a padres cuenta con un alto índice de eficacia. No obstante, los estudios, al igual que nuestra experiencia clínica, indican que en una importante cantidad de casos se producen recaídas. Esto tiene diversas explicaciones.

En primer lugar, a medida que van creciendo, los niños modifican sus conductas. Algunas de ellas remiten espontáneamente. Puede que otras se mantengan, pero surjan en situaciones distintas. Incluso pueden aparecer nuevas conductas disfuncionales.

En segundo lugar, muchos padres luego de un tiempo dejan de lado las estrategias implementadas en el programa. Quizás esto tenga que ver con que su realización requiere de tiempo y esfuerzo. Muchas veces consideran que cuando se produjo una cierta mejoría, no vale la pena continuar esforzándose tanto. Entonces vuelven a estrategias anteriores. La práctica enseña que, desafortunadamente, los niños también vuelven a conductas anteriores en estos casos.

En otros casos pueden registrarse recaídas en situaciones de crisis, ante las cuales los padres no cuentan con los mismos recursos para sostener las intervenciones. Algunos ejemplos son crisis maritales, económicas, situaciones de enfermedad, etc. A esto se suma que estas situaciones suelen afectar también al niño, incrementando en ocasiones su sintomatología.

Esto de ninguna manera implica volver a cero, o que no hayan servido los esfuerzos realizados. Por el contrario, debe tomarse como una oportunidad para poner en uso nuevamente las habilidades aprendidas a lo largo del programa.

Por ese motivo recomendamos las siguientes estrategias para prevenir recaídas:

Registre y anote: cuales son los problemas de conducta que su hijo presenta, así como la estrategia que usted utiliza para manejarlos. Preste especial atención a aquellas situaciones que se repiten varias veces, en las que fallan los intentos de solución.

Revise si ha vuelto a alguno de los viejos hábitos, tales como:

- Repetirle demasiadas veces las órdenes
- Darle varios mandatos a la vez
- No monitorear que las mismas sean llevadas a cabo
- No cumplir con las amenazas o promesas de beneficios
- No mirarlo a los ojos
- No prestarle suficiente atención y elogios por sus esfuerzos realizados.

- Abandonar prematuramente el sistema de puntos o fichas o no incluír en él los beneficios que realmente incentivan al niño.
- No implementar adecuadamente el tiempo fuera. No monitorear su cumplimiento o no llevarlo a cabo para evitar confrontaciones.

En estas situaciones usted puede:

A. Revisar los apuntes y folletos del programa, intentando implementarlos del modo que lo habían hecho previamente.
B. Comunicarse con el terapeuta para pautar sesiones de refuerzo o eventuales intervenciones complementarias.

Estrategias complementarias

A. Contratos

Son frecuentes los malentendidos entre los niños o adolescentes y sus padres a la hora de hacer tratos, por ejemplo:

Madre: Te dije que si llegabas después de las 10 te ibas a quedar sin salir el fin de semana siguiente. Lo hubieses pensado antes.
Hijo: No me dijiste eso. Me dijiste que trate de llegar temprano. Yo llegué a las 11, y para mí eso es temprano.

Esta clase de malentendidos suelen generar un incremento en las discusiones y deterioro en las relaciones. Por otra parte, como dice el aforismo: "a las palabras se las lleva el viento".

Para evitar esto una herramienta que en ocasiones ha demostrado ser útil, es el diseño de contratos conductuales, en los que ambas partes se comprometen a cumplir con su responsabilidad y aceptar las consecuencias.

Al igual que en el resto de las estrategias, será indispensable ser lo más concreto posible a la hora de definir las conductas que se desean obtener, de modo tal que se eviten discusiones acerca de la interpretación.

A continuación se presenta un modelo posible de contrato.

Contratos

Yo: ....

Me comprometo a:

....

....

....

Si cumplo, obtendré:

....

....

....

Si no cumplo, las consecuencias serán:

....

....

....

....

Fecha: ....

....
Firma del chico Firma padres o tutor

Los contratos deben ser a corto plazo, con metas realistas y las conductas claramente definidas.

Modelo para resolver conflictos interpersonales[5]

¡EPA!

Los conflictos suelen ocurrir porque tenemos visiones diferentes acerca de cómo deberían ser las cosas, así como intereses, necesidades y deseos contrapuestos. Afortunadamente, contamos con herramientas para solucionarlos

Como primer paso le pedimos que adopte esta forma alternativa de pensar los conflictos con el otro: cada cual tiene visiones y necesidades diferentes que pueden contraponerse con las mías. La solución es negociar y llegar a acuerdos.

Si usted lo hace, le enseñará a su hijo a hacerlo.

¡Epa!
¡Conflicto a la vista!

Cuando se da cuenta que hay conflicto en puerta, dígase "E.P.A!" a sí mismo, prepárese a resolverlo y recuerde que toda negociación se da a partir de tres etapas:

E. Mostrar **EMPATÍA**.
P. Decirle al otro cual es nuestro **PROBLEMA**.
A. Proponer junto al otro, **ALTERNATIVAS** de solución

[5]N. de A.: Adaptado de Greene, R. & Stuart Ablon, J. (2006). Treating Explosive Kids. New York: The Guilford Press.

1. Empatía

- Póngase en el lugar de su hijo, pídale que le explique su visión, compréndalo y expréselo verbalmente.
- Imagínese qué siente el otro en esta situación (enojo, tristeza, frustración, etc.) y por qué razón.
- Dígale que **Ud. entiende** que él esta sintiendo eso y por qué cree que puede ser.

Ejemplos:

"**Me doy cuenta** que esto te **(frustra-joroba-hincha, etc.)** porque llevas mucho tiempo luchando con las tareas del colegio"

"**Entiendo** que a vos **te enoje y entristezca** que yo llegue tarde algunos días"

"**Creo que** te joroba que yo a veces cometa este tipo de errores"

"**Se que te hincha** que te plantee esto porque hace mucho que te vengo diciendo lo mismo"

Que no sienta que quiere "invadir su territorio"

Si se tranquilizó, vea el siguiente paso.

2. Problema

A. Describa lo que siente en primera persona.
No culpabilice al otro.
No use "etiquetas" (me haces enojar, sos un inútil, sos un.....).

Ejemplos:

"Ocurre que **a mí** me molesta que....."
"**Me** entristece que....."
"**Me** frustra que....."
"**Yo** necesito......"
"Para **mí es** importante...."

B. Exprese su inquietud/problema/necesidad en forma de conductas concretas, específicas y localizadas que el otro pueda entender:

Ejemplos:

"Llegues tarde a casa"
"Se te acumulen los deberes y sea cada vez más difícil"
"No prestes atención cuando te digo que levantes la mesa"

Hágalo en tiempo presente. El pasado no se puede cambiar. Focalícese en lo que ocurre aquí y ahora.
No abrume con una larga lista.
Vaya de a una cosa por conversación.
Tampoco use etiquetas o características globales ("Tu egoísmo" "Tu vagancia")

Lo que queremos que el otro cambie son, al fin y al cabo, conductas concretas que nos molestan.

C. Invite a su hijo a que le exprese su problema, necesidad o inquietud.

Si comete los errores respecto a los cuales lo habíamos alertado, intente correrlo de ese lugar y focalizarlo en los problemas que le molestan o inquietan aquí y ahora.

Ejemplos:

"Cuando me decís que soy un dictador a mí no me sirve, no te entiendo: ¿Qué conducta es exactamente la que te molesta?"
"El pasado no lo podemos cambiar, ¿te parece si hablamos de lo que te gustaría que cambie aquí y ahora?"
"Si me decís que soy una inútil me enojo y se me van las ganas de escucharte. Quiero resolver esto: decime exactamente que conducta te molesta"

La idea es que ambas personas en conflicto pongan sus respectivos problemas sobre la mesa.

3. Alternativas

Pídale que proponga alternativas, que puedan conformar a los dos. En lugar de imponer la suya, invítelo a pensar juntos, haciendo de esta forma más asimilables las soluciones.

Ejemplos:

- "¿Cómo podemos solucionarlo?"
- "¿Qué podemos hacer?"

Escuche respetuosamente.
No critique apresuradamente.
Tome nota mental.
¿Si no se le ocurren alternativas?

Puede sugerirlas pidiéndole su opinión de las mismas:

- "Me sentiría mejor si aunque sea, estudiases media hora por día"
- "Cuando ves que llegás tarde, ¿te molestaría llamarme 20 minutos antes?" "¿Qué te parece?"

¿Si tiene reservas?

Puede expresar su reserva en la forma que hemos descripto en la fase 2, (problema)

- "Entiendo que a vos te venga bien que te de la plata del cyber antes, pero prefiero dártela después de que hagas la tarea, para evitar malos entendidos"
- "Los días de semana no me gusta que salgas ¿se te ocurre otra forma de solucionarlo?"

Si han llegado a un acuerdo, pueden comprometerse mutuamente a intentar los cambios propuestos.
Puede llevar tiempo de aprendizaje o pequeñas correcciones.

Aspectos a tener en cuenta y soluciones de emergencia

- La negociación necesita una temperatura emocional adecuada.
- Evite acumular asuntos pendientes.
- Evite las expectativas exageradas.
- Sáquese de la cabeza ideas inútiles:

  - A él le tendría que nacer (o salir de adentro, entenderme).
    Ponerse en el lugar del otro y negociar requiere un esfuerzo consciente.
  - ¿Por qué yo tengo que empezar a cambiar? ¿Él no puede hacer un esfuerzo?
    Al consultar a su terapeuta y/o al leer este libro, usted es la persona más capacitada para entender que hay un problema e iniciar los cambios.

Al repetir estas estrategias ante los conflictos, su hijo se mostrará abierto a aprender.
Indirectamente, le estará enseñando a negociar y a resolver problemas juntos.

Alguien tiene que empezar...

CAPITULO 13

HABILIDADES SOCIALES

La importancia de tus relaciones

Solemos sentirnos contentos cuando nos llevamos bien con los que nos rodean: amigos, compañeros del cole, familiares. También nos sentimos de buen humor cuando tenemos éxito al conocer gente nueva y somos aceptados en diferentes lugares: escuelas nuevas, clubes, grupos.

Cuando sentimos que "no encajamos", que nos cuesta acercarnos a la gente que queremos conocer o que a pesar de nuestros esfuerzos no podemos llevarnos bien con las personas que nos importan podemos ponernos tristes, ansiosos, enojados y aislarnos. ¿Cuántas veces deseaste conocer formas efectivas para acercarte a la gente?

Existen formas de comunicarse que funcionan como "llaves" para abrir las puertas de la amistad y la comprensión. Se llaman "habilidades sociales", y si las practicás (como cualquier deporte) podés aumentar tus posibilidades de mejorar tus relaciones y hacer otras nuevas.

Cómo funcionan las burlas

Las burlas son algo muy frecuente entre los chicos. Y suelen funcionar como un círculo vicioso.

Las burlas son un problema muy frecuente cuando estamos en el colegio. A algunos chicos les pasa que los burlan todo el tiempo, sin embargo, muchos otros piensan que "se la agarran" solamente con ellos y se ponen muy mal cuando los burlan y eso hace que precisamente los burlen más todavía.

Como no sabemos si realmente "se la agarraron" con vos o es más una idea tuya, te proponemos que te tomes una semana para hacer una investigación y anotes cuantas veces te pasa a vos y cuantas a los otros chicos. Llevá al cole este registro y anotá con un palito cada vez que hay una burla.

¡Vas a tener que estar muy atento a cada vez que cargan a los demás!

Registro de burlas:

Día	Me burlan a mí	Burlan a otros
Lunes		
Martes		
Miércoles		
Jueves		
Viernes		
Sábado		
Domingo		

Investigando las burlas

Si las burlas son un problema frecuente para vos sería bueno que veas que técnicas usas para resolverlo. Aunque no depende sólo de vos, hay veces que sin darnos cuenta usamos estrategias que logran el efecto contrario al que buscamos. Por eso es importante ver qué pensás y qué hacés cada vez que te burlan. Esta planilla puede ayudarte a descubrirlo.

Situación	Qué pensé	Qué hice	Qué resultado dio

Teniendo en cuenta lo que pensaste y lo que hiciste en cada situación, andá viendo con tu terapeuta que estrategias te sirven y cuales no.

Técnicas efectivas para enfrentar las burlas

Aikido Verbal

Las cargadas y burlas son frecuentes entre amigos o compañeros. Por lo general, el objetivo es hacernos enojar y cuando lo consiguen les resulta muy divertido. Por ese motivo continúan haciéndolo. Si en cambio reaccionamos de otra forma, es posible que se aburran y con el tiempo nos dejen tranquilos.

Una de las técnicas para lograrlo es: "EL AIKIDO VERBAL".

El aikido es un arte marcial que consiste en usar la fuerza del otro. Es decir que cuando les quieren pegar, en lugar de resistirse, lo esquivan y con la fuerza del otro, le dan un empujoncito para que se caiga.

El Aikido verbal, es parecido pero en lugar de usar la fuerza física, se usan las palabras.

Mira este ejemplo:

1. Lo que le pasaba a Matías:

Le decían que era cabezón, él se enojaba, se ponía rojo y respondía "no soy cabezón" o "vos sos un petiso de porquería". Cuando reaccionaba así, como se resistía, sus compañeros se mataban de risa y lo burlaban más todavía y entraban en un círculo vicioso que le resultaba insoportable.

2. Como usó el Aikido verbal:

Le dijeron que era cabezón y respondió: "sí, bastante".

Le dijeron que su cabeza parecía un zapallo y respondió: Sí, un zapallo "extra large".

Los amigos extrañados le dijeron entonces: "en realidad tu cabeza parece un globo terráqueo" y respondió: "más que un globo terráqueo parece el sol que es más grande todavía".

Los amigos ya no sabían que decir, se sintieron un poco incómodos y se fueron.

Cuando tratás de usar esta técnica tiene que salir natural, por eso te proponemos que hagas este ejercicio divertido:

Burlar a tu terapeuta con todo lo que puedas, él se va a defender con estas técnicas para mostrarte como se hace. Luego tu terapeuta te va a burlar a vos para que veas como te sale.

¿Y qué?

Otra variante del aikido verbal es la técnica del "¿Y qué?". Ésta consiste en que, en lugar de defenderse de las burlas logrando que éstas aumenten, las aceptamos naturalmente. Esto apunta a que los que nos burlan se aburran de hacerlo porque no reaccionamos.

Recordá: "Que lo aceptes no significa que estés de acuerdo".

Mirá este ejemplo:

A Pedro lo burlaban sus compañeros porque tenía muchos "granos" en la cara. Más se enojaba y más lo burlaban.

Lo que hizo Pedro:

Le dijeron que tenía la cara llena de granos y respondió naturalmente: Sí, ¿y qué?.

Le dijeron que parecía un "choclo" y respondió: sí, parezco un choclo ¿y?.

Sorprendidos aumentaron la apuesta: "que podes poner una fábrica de mayonesa" y volvió a responder: "sí, puedo poner una fabrica de mayonesa".

Y a sus compañeros no se le ocurrió más nada para decir....

¿Estas listo para practicarlo vos?.

Practicá que tu terapeuta te burle un rato y aplicá la técnica del ¿Y qué?

Otras alternativas pueden ser:

- Reírse de uno mismo: Si a vos te causa gracia, ya no es tan divertido para los demás.
- Adelantarse al chiste: si les ganas de mano, ya no van a saber que decir.
- Enfrentar al que te molesta: siendo asertivo, es posible hacer que te respeten y respetar los derechos de los demás[1].

[1]Ver entrenamiento en asertividad en Quinta Parte: Estado de Ánimo.

Técnicas para tratar con los demás

"Si querés miel no patees la colmena". Cuando quieras algo de los demás te recomendamos:

- Demostrarles tu interés.
- Despertá el interés del otro. Hacélo hablar de lo que le interesa.
- Llamalo por su nombre.
- Hacé que hablen de ellos.
- Hablá de lo que les interesa.
- Hacé que se sienta importante.

Lográ que piensen como vos

Para salir ganando en las discusiones, hay que evitarlas.
Respetá a las otras personas, no les digas abruptamente que se equivocan.
Si te equivocaste, admitilo.
Cuando quieras criticar decí siempre primero algo bueno.
Si tenés que discutir con alguien, tratá que de entrada te diga que "sí".
Cuando alguien se quiere quejar, dejá que hable más.
Cuando quieras que te ayuden, hacé que la persona piense que la idea es de ella.
Tratá de ver las cosas desde el punto de vista de los otros.
Aceptá las ideas de los demás.
Apelá a los motivos más nobles, "yo sé que sos un buen amigo y probablemente no te des cuenta de lo que me pasa. No creo que tu intención sea hacerme sentir mal".

Algunos aspectos a tener en cuenta:

Gestuales	Verbales
Sonreír Saludar Mirar a los ojos Mostrar aprecio	Llamarlo por el nombre Temas de interés: observándolo, preguntarle cosas que le interesen Decirle cosas positivas (elogiarlo) Devolver las preguntas. ¿Y vos? No criticar, primero decirle algo positivo Si me equivoco, aceptarlo.

Saber escuchar:

Escuchar activamente:

- Decir lo que el otro me quiso decir con mis propias palabras.
- Empezar diciendo "a ver si entendí lo que me estás diciendo"
- No mostrar rechazo del mensaje del otro (no decir no de entrada)

Cosas que puedo decir para conocer a alguien:

Preguntas principales	Preguntas que se desprenden de las principales
¿Cómo te llamas?	
¿Cuántos años tiene?	
¿Por donde vive?	¿Con quién vive? ¿cerca de dónde?
¿Qué colegio va?	¿Cómo le va? ¿Fue siempre a ese colegio? ¿Cómo es?
¿sí conoce a .....?	¿De dónde? ¿sos amigo?
¿Juega al fútbol, rugby, etc.?	¿En dónde juega? ¿jugó el fin de semana? ¿Contra quién? ¿Cómo salió? ¿Cómo jugó?
¿Qué hace a la noche, a donde va a bailar?	¿Si le gusta? ¿En dónde es? ¿Si va mucha gente?
¿Y vos?	
¿Qué cosas le gustan?	Preguntarle sobre eso
Hablar de chicas/os	
Preguntarle cosas acerca de lo que están haciendo	

Para que practiques:

Imaginate las siguientes situaciones ¿Cómo podrías utilizar las preguntas del cuadro anterior?

Te encontrás con un chico con la remera de un club de fútbol.

....
....
....

Te encontrás con una chica que viene con las bolsas del shopping.

....
....
....

CAPITULO 14

MANTENER LAS SOLUCIONES

Cierre de tratamientos

Estamos llegando a una de las partes más lindas y divertidas de los tratamientos: cuando nos tenemos que despedir porque cumplimos parte o todos nuestros objetivos. Es lindo pero también puede ser un poco triste porque cuando se trabaja tanto juntos uno después extraña.

Que sea la última no significa que sea menos importante. Esta parte del tratamiento cumple un rol fundamental, que puedas:

Mantener las soluciones

Para esto se usan algunas técnicas muy divertidas.

"Antes y Después"

Esto puede servirte para valorar los logros. Dividí una hoja en dos y anotá como eras y que hacías antes de comenzar y cómo sos y qué hacés ahora.

Este es un ejemplo completado por Caro, de 14 años, que tenía problemas con su novio.

Antes:	Ahora:
Si no me contestaba el llamado pensaba: "no quiere hablar más conmigo"	Si no me contesta el llamado "me lo devolverá más tarde"
Si no nos podíamos ver me ponía mal	Si no nos podemos ver "lo veré otro día"
Quería verlo todos los días	Me ahogo si lo veo todos los días
Lo quería sólo para mí	No me molesta que esté con otros
Le criticaba todo	Me fijo más en sus cosas buenas
Me quedaba todo el día esperándolo	Hago mis cosas
Muy pendiente	Más independiente
Más desesperada	Más tranquila
Lo llamaba todo el tiempo y no le daba lugar a que me llame	No lo llamo tanto y ahora me llama más él.

Este es otro ejemplo completado por Leo de 11 años que tenía algunos problemas con sus compañeros en la escuela:

ANTES	DESPUES
NO TABA SEGURO DE MI MISMO	SI IIII II II II
ME MOLESTABAN MUCHO	ME JODEN CMO JODEN A CUALQUIER OTRO
~~M~~ POCOS AMIGOS	MUCHOS II
TABA TRISTE/SOLO	YA NO
QRIA SR OTRA PERSONA	YA NO

Dibujar el antes y después

A muchos chicos les sirve dibujar cómo se sentían antes de empezar a trabajar para solucionar sus problemas y cómo se sienten una vez que los solucionaron.

Mirá este ejemplo de un chico de 11 años que tenía miedo de hablar en público:

Antes

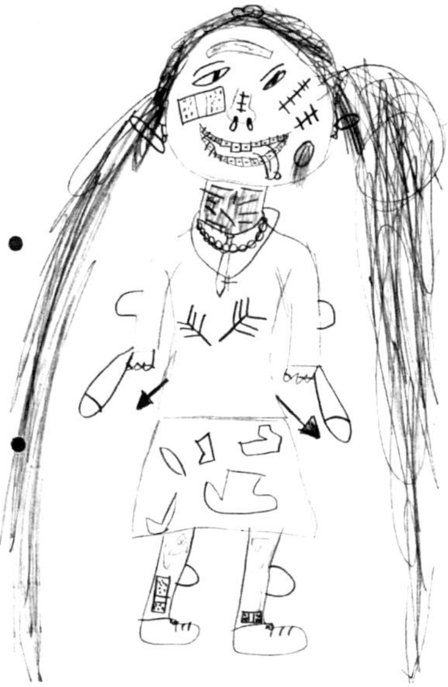

Después

Otro ejemplo:

¿Podés hacerlo vos ahora?

Antes	Después

Enseñar a los demás

Otras veces es bueno que los chicos se acuerden de las cosas que aprendieron y por eso les pedimos que escriban lo que pasó durante el tratamiento para que otros chicos con problemas similares lo puedan leer. Para que se guíen les dimos una ayuda:

1. Título
2. ¿Qué era lo que pasaba?
3. ¿Cómo lo fuiste mejorando?
4. ¿Cómo te sentís ahora?
5. ¿Qué sirvió del tratamiento y qué no?

A continuación, tenés un ejemplo de un chico de 14 años que se peleaba mucho con su familia[1].

"Peleas familiares"

Yo me peleaba mucho con mi hermana, la fajaba si era necesario y también me llevaba algunas veces mal con mis viejos. Les contestaba mal, etc. Esto me traía muchos problemas porque mis viejos siempre me decían que no le pegara a mi hermana y a raíz de esto me terminaba peleando con ellos, y ellos siempre me ponían en penitencia (vivía siempre en penitencia). Cuando venía acá siempre me hacían hacer técnicas y "bolude..." para controlar el enojo y cuando las tenía que poner en practica en mis situaciones de conflicto siempre me olvidaba hasta que, con el tiempo y de tanto que me insistieron, recién empecé a mejorar muy de a poco.
Las técnicas que usamos fueron:

- Semáforo: son tres luces en la primera te frenas, en la segunda pensás que vas a hacer ante el problema, y en la tercera reaccionás.
- Exit: salir de la situación y no volver hasta estar tranquilo.
- Respiración: respirar para tranquilizarse.
- Seguir la corriente: esto es para las "jodas".
- Freezer: me digo frases para tranquilizarme.
- Distracción: me distraigo para calmarme.

Ahora me siento un poco mejor que antes, más tranquilo.

Me sirvió venir acá y en vez de usar las técnicas usaba lo que me decían, que era que si no pegaba y me tranquilizaba, después iba a ser mejor para mi por que después iban a estar de mi lado.
Las técnicas a mí no me sirvieron porque me olvidaba y nunca las usaba. Las técnicas dan fiaca. Lo que sirve es, que pare y piense qué es lo mejor para mi. Ponerle nombre no sirve por que no somos tan estructurados los que venimos acá y por ahí las hacés sin darte cuenta.

[1]N. de A.: "Se respeta la redacción y los conceptos personales provistos por el paciente, aunque se modificó el lenguaje inapropiado".

Ayuda memoria

Este chico también hizo un dibujo para acordarse todas las técnicas:

Tu turno, hacé un resumen con:

1. Título.
2. Que era lo que pasaba.
3. Como lo fuiste mejorando.
4. Como te sentís ahora.
5. Lo que sirvió del tratamiento y lo que no.

Y ya que estamos, si podés hacer un dibujo donde incluyas las técnicas, sería buenísimo.
Pensá que esas cosas muchas veces se las mostramos a otros chicos para que aprendan de vos.

Camino a la Fama[2]:

> Muchos chicos aprovechan esta parte del tratamiento para hacer algo divertido y que les quede de recuerdo. Algunos pueden componer una canción, otros filman un video, preparan una obra de teatro, etc. Lo que importa es que sea algo en lo que cuentes cómo hiciste para superar el problema por el que viniste.

/ /

Por la presente certificamos que

....

ha finalizado su tratamiento psicoterapéutico, logrando exitosamente los siguientes objetivos:

1____

2____

3____

4____

Quienes firmamos abajo dejamos constancia del orgullo que sentimos por los logros obtenidos, y creemos que será un ejemplo para quienes en el futuro tengan las mismas dificultades.

Madre:

Padre:

Terapeuta:

[2] Ver: Kendall, P. (2000). Child and adolescent therapy. Treating Anxiety Disorders in Youth. New York: The Guilford Press.

Más vale prevenir que curar

Es importante que tengas claro que puede pasarte que en algún momento vuelvas a sentir algo parecido a lo que te pasaba. Recordá: "Tropezón no es caída". Si esto te sucede es una oportunidad para volver a repasar todo lo que aprendiste durante este tiempo.

Además como "más vale prevenir que curar" te recomendamos que completes la siguiente planilla:

Si me empieza a pasar:

....
....
....

Lo que tengo que hacer es:

....
....
....

Lo que NO tengo que hacer es:

....
....
....

Recordá: Siempre podés volver a pedir ayuda. Si ves que te cuesta, no dudes en avisar a tus padres o a tu terapeuta.

Preparandose para el futuro

Es posible que ante determinadas situaciones te vuelvas a sentir mal. Sería una buena idea que estés preparado para:

- saber qué situaciones te podrían afectar,
- qué hacer para que no aparezcan (aunque no siempre se las pue de evitar) y
- qué hacer ante ellas.

Situaciones que me podrían afectar	Plan de acción para prevenirlas	Plan de acción en caso de que ocurran

Ejemplos de situaciones que pueden alterarnos: un exámen, una pelea con los amigos, dicusiones con los padres, una mala nota en la escuela, problemas amorosos, enfermedades, problemas en la familia, etc.

Seguir mejorando

Además de sacarnos de encima los problemas que tanto nos molestaban, siempre es bueno ver de qué manera podemos tratar de estar mejor. Esa, es la mejor forma de tener menos problemas en el futuro. Sería bueno poder terminar el trabajo pensando en qué cosas quiero comprometerme a mejorar de aquí en más.

Yo, ____

Quiero comprometerme a mejorar:

1. :

2. :

3. :

4. :

5. :

APÉNDICE

MANUALES DE REFERENCIA

Dentro de la bibliografía en terapia cognitiva y comportamental existen diversos manuales dirigidos a terapeutas y/o a los pacientes que se hallan en tratamiento y desean complementarlo. Pero son escasas las referencias bibliográficas para el trabajo de los terapeutas con los pacientes infanto juveniles. A continuación se provee un listado de algunos de ellos.

Práctica Clínica:

- Gomar, M., Mandil, J., y Bunge, E. (2010). Manual de Terapia Cognitiva Comportamental con Niños y Adolescentes. Editorial: Polemos. Buenos Aires.
- Kendall, P. (2000). Child and adolescent therapy. New York London.: Editorial The Guilford Press
- Friedberg, R., y Mc Clure, J. (2005). Práctica clínica de terapia cognitiva con niños y adolescentes: conceptos esenciales. Barcelona: Paidós.
- Reineke, M., Dattilio, F., & Freeman, A. (1996). Cognitive Theraphy with Children and Adolescents. New York: The Guilford Press.

Trastorno del estado del ánimo:

- Clarke, G., Lewinsohn, P., y Hyman, H. (1990). Leader´s Manual for Adolescent Groups, Adolescent Coping with Depression Course. Eugene: Castalia Publishing Company.

Trastornos de ansiedad:

- Kendall, P.C. y Kosovsky, R. (2009). El gato valiente, manual para terapeutas. Editorial: Akadia. Buenos Aires

Trastorno obsesivo compulsivo:

- March, J., y Mulle, K. (1998). OCD in Children and Adolescents. New York, London: Editorial The Guilford Press.

Trastornos del comportamiento:

- Kendall, P., y Braswell, L. (1993). Cognitive-Behavioral Therapy for Impulsive Children. New York: The Guilford Press.

- Barkley, R. A., Murphy, C. R., y Bauermeister, J. J. (1998). Trastorno por Déficit de Atención e Hiperactividad, Manual de Trabajo Clínico. New York - London: Editorial The Guilford Press.
- Henggeler, S. W., Schoenwald, S. K., Borduin, C. M., Rowland, M. D., & Cunningham, P. B. (1998). Multisystemic treatment of antisocial behavior in children and adolescents. New York: Guilford Press.

Hay una serie de autores del contexto hispano americano que han publicado también interesantes aportes para quienes se dedican a la clínica de niños y adolescentes, como por ejemplo:

- Caballo, V. y Simón, M. Á. (2002). Manual de psicología clínica Infantil y del adolescente.. Barcelona: Ediciones Pirámide.
- Caputto, I. (2001). Mis miedos y yo. Buenos Aires: Grupo Editorial Lumen.
- Méndez, F. X. (1998). Miedos y Temores en la infancia. Ayudar a los niños a superarlos. Barcelona: Ediciones Pirámide.
- Pérez Álvarez, Fernández Hermida, Fernández Rodríguez, & Vázquez. (2003). Guía de Tratamientos Psicológicos Eficaces III. Infancia y Adolescencia.Madrid: Ediciones Pirámide.
- Scandar, R. (2000). El niño que no podía dejar de portarse mal. Argentina: Distal

S.R.L.

- García, F.S. (2006). Enuresis Nocturna. Causas y Tratamientos. Editorial S.A. Buenos Aires.
- Baringoltz, S. y Levy, R. (2007). Terapia cognitiva del dicho al hecho. Editorial Polemos.Buenos Aires.

EPÍLOGO

Los autores coincidimos en que el armado de este libro nos ha ayudado a profundizar nuestro aprendizaje teórico y práctico junto a los pacientes. A la par que experimentábamos con las fichas de trabajo, los tratamientos se hacían más divertidos, los vínculos más profundos y productivos, y por lo tanto, los tratamientos más eficaces. Lo más costoso en la confección del manual fué, curiosamente, decidir el punto en que la obra estaba terminada.

Creemos, en este sentido, que al enriquecer la interacción con los niños y jóvenes, a partir de estos juegos, cuentos, métodos, técnicas, etc., se promueven nuevos aprendizajes y nuevas invenciones que dificultan establecer un corte provisorio a un proceso creativo que se regenera y retroalimenta continuamente. ¿Podremos movilizar en el lector una experiencia análoga? ¿Dará lugar este manual a nuevos procesos creativos continuos en otros terapeutas junto a sus pacientes?

Estas fueron las principales preguntas que nos motivaron a compartir esta obra, aquí y ahora, con ustedes.

GLOSARIO DE MODISMOS

A

Anteojos | gafas.

B

Bajoneado | triste, desanimado, decaído.

Baúl | maletero.

Buchón | alcahuete, delator.

C

Chica | niña.

Chicos | niños.

Chistes | bromas.

Choclo | maíz.

Colgar la compu | la computadora, el ordenador, deja de funcionar.

Cómo lo marcaste | cómo le sacaste la pelota.

Cyber | local en el que se pueden utilizar ordenadores, computadoras.

E

El robot lo hace bolsa | el robot lo destroza.

En la escuela se cortan | en la escuela se relacionan poco entre ellos.

F

Fiaca | pereza.

G

Ganar por goleada | ganar con mucho margen, por muchos goles.

H

Haciendo fierros | levantar pesas.

Hincha | molesta.

J

Jodas | burlas.

Joroba | molesta.

M

Macana | travesura, lio.

Más pilas | más energía.

Me cargan | me burlan, me estorban.

Me la banco | me la aguanto, puedo tolerarlo bien.

Me sacás | me haces enojar.

Me tiene podrido | me tiene harto, cansado.

N

No carga | no hace burlas.

P

Papás | padres.

Pataleta | berrinche.

Pibe | muchacho.

R

Re-caretas | fuera de onda, personas no auténticas.

Recital | concierto.

Remera | camiseta.

S

Son de cuarta | son traicioneros, de baja calidad, malas personas.

Soy de madera | soy torpe.

T

Te jorobo | te molesto, estorbo.

Tildar la compu | el ordenador deja de funcionar.

Todos están cortados entre sí | se encuentran distanciados.

Y

Yo-yo | juego de niños.

Z

Zafar | escapar, salvarse.

Zarpado | desubicado.

REFERENCIAS BIBLIOGRÁFICAS

Achenbach, T. M. (1991). *Integrative guide for the 1991 CBC-L/4-18 years and TRF profiles* Burlinston: University of Vermont Departament of Psychiatry.

Aguilar, G., & Espada del Valle, B. (2002). Terapia de juego cognitivo-conductual. In V. Caballo & V. Simón (Eds.), *Manual de Psicología Clínica Infantil y del Adolescente.Trastornos específicos.* Madrid: Ediciones Pirámide.

American Psychiatric Association. (1994). *Diagnostic, Statistical Manual of Mental Disorders. DSM-IV.* Washington: A.P.A. Press.

Bandura, A. (1977). *Social Learning Theory.* Englewood Cliffs, NJ.: Prentice-Hall.

Bandura, A. (1988). Modelo de Causalidad en la Teoría del Aprendizaje Social. In M. Mahoney & A. Freeman (Eds.), *Cognición y Psicoterapia.* Barcelona: Paidós Ibérica.

Barkley, R. A., & Benton, C. M. (2000). *Hijos Desafiantes y Rebeldes.* Barcelona: Ediciones Paidós Ibérica

Barkley, R. A., Edwards, G. & Robin, A. (1999). Defiant Teens: A Clinicians Manual for Assesment and Family Intervention. New York: The Guilford Press.

Barkley, R. A., Murphy, C. R., & Bauermeister, J. J. (1998). *Trastorno por Déficit de Atención e Hiperactividad, Manual de Trabajo Clínico.* New York-London: Editorial The Guilford Press. .

Beck, A., & Clark, D. (1997). El Estado de la Cuestión en la Teoría y la Terapia Cognitiva. In I. Caro (Ed.), *Manual de Psicoterapias Cognitivas.* Barcelona: Paidós.

Beck, A., Emery, G., & Greenberg, R. (1985). *Anxiety Disorders and Phobias.* New York: Basic Books.

Beck, A., Rush, J., Shaw, B., & Emery, G. (1983). *Terapia Cognitiva de la Depresión.* Bilbao: Descleé De Brouwer.

Beck, J. (2000). *Terapia Cognitiva, Conceptos Básicos y Profundización.* Barcelona: Editorial Gedisa.

Birmaher, B. (1996). Childhood and adolescent depression: a review of the past 10 years. (part 1) (Special Article). *Journal of the American Academy of Child and Adolescent Psychiatry.*

Botella, C., & Ballester, R. (1997). *Trastorno de pánico: evaluación y tratamiento.* Barcelona: Martínez Roca.

Botella, C., Baños, M. R., & Perpiñá, C. (2003). *Fobia Social: Avances en la psicopatología, la evaluación y el tratamiento psicológico del trastorno de ansiedad social.* Barcelona: Ediciones Paidós Ibérica.

Brent, D. A., Holder, D., Kolko, D., Birmaher, B., Baugher, M., Roth, C., et al. (1997). A clinical psychotherapy trial for adolescent depression comparing cognitive, family, and supportive therapy. *Arch Gen Psychiatry, 54*(9), 877-885.

Burns, D. (2005). *Sentirse Bien*. Buenos Aires: Paidós.

Burns, D. (2006). *Adiós Ansiedad. Como superar la timidez, los miedos, las fobias y las situaciones de pánico*. Barcelona: Paidós Ibérica.

Caballo, V., & Simón, M. A. (2002). *Manual de Psicología Clínica Infantil y del Adolescente*. Madrid: Ediciones Pirámide.

Caballo, V., & Simón, M. Á. (2002). *Manual de Psicología clínica Infantil y del adolescente.* . Barcelona: Ediciones Pirámide.

Caputto, I. (2001). *Mis miedos y yo*. Buenos Aires: Grupo Editorial Lumen.

Clarke, G., Lewinsohn, P., & Hyman, H. (1990). *Leader's Manual for Adolescent Groups, Adolescent Coping with Depression Course*. Eugene: Castalia Publishing Company.

Craske, M. G., & Barlow, D. H. (2001). Panic Disorder and Agoraphobia. In D. H. Barlow (Ed.), Clinical Handbook of Psychological Disorders, Third Edition: A Step-by-Step Treatment Manual. New York: The Guilford Press.

Datillio, F. (2005). The restructuring of family schemas: a cognitive behavior perspective. Journal of Marital and Family Therapy, 31 (1), 15-30.

De Shazer, S. (1986). *Claves para la Solución en Terapia Breve*. Barcelona: Ediciones Paidós Ibérica.

Echeburúa, C. (2001). Eficacia de las terapias psicológicas: de la investigación a la práctica. *Revista internacional de psicología clínica y de la salud. , 1* (1), 181-204.

Essau, C., & Dobson, K. (1999). Epidemiology of depressive disorders. In C. Essau & F. Petermann (Eds.), *Depressive Disorders in Children and Adolescents: Epidemiology, Course, and Treatment* Northvale, NJ: Jason Aronson.

Figiacone, S., Maisón-Baibiene, J. M., & Gomar, M. (2005). TDAH: Tratamientos disponibles, 2da parte. *Boletín Neurológico*.

Foa, E., & Wilson, R. (1991). *Venza sus obsesiones*. Barcelona: Ediciones Robinbook, SL

Freeman, J., Epston, D., & Lobovits, D. (2001). *Terapia Narrativa para Niños*. Barcelona: Paidós.

Friedberg, R., & McClure, J. (2002). *Clinical Practice of Cognitive Therapy with Children and Adolescents. The Nuts and Bolts*. New York: The Guilford Press.

García Perez, M. E. (1997). *Rubén, el niño hiperactivo*. Madrid: Grupo Albor-Cohs.

Giusti, E. (2000). Programa de orientación y entrenamiento a padres de niños con AD/HD. In E. Joselevich (Ed.), *En Síndrome de Déficit de Atención con o sin Hiperactividad en niños, adolescentes y adultos*. Barcelona: Paidós Ibérica.

Giusti, E., Heydl, P., & Joselevich, E. (2000). AD/HD en la escuela: algunas consideraciones. In E. Joselevich (Ed.), *En Síndrome de Déficit de Atención con o sin Hiperactividad en niños, adolescentes y adultos*. Barcelona: Paidós Ibérica.

Gomar, M., Mandil, J., y Bunge, E. (Comps.). Manual de Terapia Cognitiva Comportamental con Niños y Adolescentes. Editorial: Polemos. Buenos Aires.

Greene, R. & Stuart Ablon, J. (2006). *Treating Explosive Kids*. New York-London.: The Guilford Press.

Greenberger, D. & Padesky, C. (1995). Mind over Mood. Change how you feel by changing the way you think. New York: The Guilford Press.

Henggeler, S., Schoenwald, S., Borduin, C., Rowland, C., & Cunningham, P. (1998). *Multisystemic Treatment of Antisocial Behavior in Children and Adolescents*. New York-London: The Guilford Press.

Jacobsen, L. (1994). Interviewing Prepubertal Children About Suicidal Ideation and Behavior. *J. Am. Acad. Child Adolesc. Psychiatry, 4*, 33.

Kagan, J., Reznick, J., & Snidman, N. (1988). Biologycal bases of childhood shyness. *Science, 240*, 167-171.

Keegan, E. (1998). Trastornos de Ansiedad: la perspectiva cognitiva. *Vertex Rev. Arg. De Psiquiatría, IX*, 197-209.

Keegan, E. (2000). *Las aplicaciones de la psicoterapia. Clínica psicológica y psicoterapias. Catedra II*: Universidad de Buenos Aires.

Keegan, E. (2001). La terapia cognitiva. Fundamento teórico, aplicaciones y perspectivas futuras. *Revista Clepios, VII*.(2), 24.

Keegan, E., & Rutsztein, G. (2003). Justo y necesario. *Revista perspectivas bioéticas, 8*.

Kendall, P. (2000). *Child and adolescent therapy*. New York London.: Editorial The Guilford Press.

Kendall, P., & Braswell, L. (1993). *Cognitive-Behavioral Therapy for Impulsive Children*. New York: The Guilford Press.

Kendall, P.C. y Kosovsky, R. (2009). El gato valiente, manual para terapeutas. Editorial: Akadia. Buenos Aires

Knell, S. (Ed.). (1999). *Cognitive-behavioral play therapy*. New York: Kluwer Academic/Plenum Publishers.

Kovacs, M. (1992). Children's depression inventory. North Tonawanda, NY: Multi-Health Systems.

Lang, P. J. (1978). Anxiety: toward a psychophysiological definition. In: Akiskal, H.S., Webb, W.L. (Eds.), Psychiatric Diagnosis: Exploration of Biological Criteria. Spectrum, New York, pp, 265-389

Lewinsohn, P., Hops, H., Roberts, R., Seeley, J., & Andrews, J. (1993). Adolescent psychopathology: I. Prevalence and incidence of depression and other DSM-III-R disorders in high school students. *J Abnorm Psychol, 102*, 133–144.

Linehan, M. (1993). *Skills Training for Treating Borderline Personality Disorder.* New York, London: The Guilford Press.

Lonigan, C. J., Elbert, J. C., & Johnson, B. S. (1998). Empirically supported psychological interventions for children: an overview. *Journal of child psychology, 27*, 138-145.

March, J. (1995). *Anxiety Disorders in Children and Adolescents.* New York, London: The Guilford Press.

March, J., & Mulle, K. (1998). *OCD in Children and Adolescents.* New York, London: Editorial The Guilford Press.

Meichenbaum, D. & Goodman J. (1971). *Training impulsive children to talk themselves: A mean of developing self-control. Journal of Abnormal Psychology, 77,* 115-126.

Méndez, F. X. (1998). *Miedos y Temores en la infancia. Ayudar a los niños a superarlos.* Barcelona: Ediciones Pirámide.

Murray, C., & Lopez, A. (1996). *The Global Burden of Disease: a comprehensive assessment of mortality and disability from diseases, injuries and risk factors in 1990 and projected to 2020.* Cambridge: Harvard University Press.

Nichols, P. (1999). *Clear Thinking Talking Back to Whispering Shadows.* Iowa: River Lights,Publisher.

Ollendick, T. H., & Neville, J. K. (2000). Empirically supported treatments for children and adolescents. In P. Kendall (Ed.), *Child and Adolescent Therapy. Cognitive-behavioral procedures* (Second Edition ed.). New York: The Guilford Press.

Organización Mundial de la Salud. (1995). *Trastornos mentales y del comportamiento. Descripciones clínicas y pautas para el diagnóstico. Clasificación Internacional de las Enfermedades, CIE-10.* Ginebra: O.M.S.

Pérez Álvarez, Fernández Hermida, Fernández Rodríguez, & Vázquez. (2003). *Guía de Tratamientos Psicológicos Eficaces III. Infancia y Adolescencia.* . Madrid: Ediciones Pirámide.

Piaget, J., & Inhelder, B. (1966). *Psicología del Niño.* Madrid: Ediciones Morata.

Rachmann, S. (1996). Evolución de la Terapia Cognitivo Comportamental. In P. Salkovskis & C. Fairburn (Eds.), *Science and Practice of Cognitive Therapy.* Oxford: Oxford University Press.

Reineke, M., Dattilio, F., & Freeman, A. (1996). *Cognitive Theraphy with Children and Adolescents.* New York: The Guilford Press.

Rodríguez Biglieri, R., Vetere, G., Bunge, E., & Keegan, E. (2005). Resultado preeliminar de la aplicación de la escala fusión pensamiento acción. *Memorias de la XII Jornada de Investigación. Facultad de psicología U.B.A.*

Rotter, J. B., Chance, J. E., & Phares, E. J. (1972). *Application of a social learning theory of personlity.* New York: Holt, Rhinehart & Winston.

Sacco, W., & Beck, A. (1995). *Handbook of depression*. New York, London: Editorial The Guilford Press.

Safran, J., & Segal, Z. (1994). *El proceso Interpersonal en la Terapia Cognitiva*. Barcelona: Paidós Ibérica.

Scandar, R. (2000). *El niño que no podía dejar de portarse mal*. Argentina: Distal S.R.L.

Seligman, M. E. P. (1995). *The Optimistic Child*. New York: Harper.

Seligman, M. E. P. (1998). *Aprenda Optimismo*. Barcelona: Grijalbo.

Shaffer, D. & Waslick, D. (2000). Las Múltiples caras de la Depresión en niños y adolescentes. Barcelona: Ars Medica.

Shapiro, L. (2000). *La inteligencia emocional de los niños*. Buenos Aires: Ediciones Javier Vergara.

Stark, K. D., Hargrave, J., Sander, J., Schonoebelen, S., Simpson, J., Molnar, J., et al (2006). *Treatment of childhood depression*: The ACTION treatment program. In P. C. Kendall (Ed.), Child and adolescent theraphy. Cognitive-behavioral procedures (3rd edition, pp 169-216).

Stern, M. (2002). *Child Friendly Therapy. Biopsychosocial innovations for children and families*. New York: W.W. Norton & Company.

Subirá Mendez, D., LLopart Capdevila, O., Grisales Valencia, A., Bassas Bolívar, N., & Tomás Vilaltella, J. (2003). Estrategias terapéuticas en el tratamiento del TOC infanto-juvenil: aspectos psicosociales. *AN. PSIQUIATRIA (Madrid), 19*(9), 385-391.

Tomás, J., Bassas, N., & Casas, M. (2005). *Tratamiento cognitivo conductual de los trastornos obsesivos compulsivos en paidopsiquiatría*. Barcelona: Alertes S.A.

Tonod, L., & Baldessarini, R. J. (2001). Suicide: An Overview. En Psychiatry Clinical Manegment Modules http://medsacpe.com. Medscape/psychiatry/ClinicalMgmt/CM.v03/public/index-CM.v03html/.

Treatment for Adolescents with Depression Study, T. A. D. S. (2004). Fluoxetine, cognitive behavioral therapy, and their combination for adolescents with depression: randomized controlled trial. *Journal of the American Medical Association, 292*, 807-820.

Treatment for Adolescents With Depression Study, T. A. D. S. (2005). Demographic and Clinical Characteristics. *J . AM. ACAD. CHILD ADOLESC. PSYCHIATRY, 44*, 1.

Vygotsky, L. S. (1978). *Mind in Society: The development of higher psychological processes*. Cambridge: Harvard University Press.

Wagner, A. P. (2003). Cognitive-Behavioral Therapy for Children and Adolescents with Obsessive-Compulsive Disorder. *Brief Treatment and Crisis Intervention, 3*, 291–306.

Wells, A. (1997). *Cognitive Therapy of Anxiety Disorders. A Practice Manual and Conceptual Guide*. New York: John Wiley and Sons.

Wilner, R., & Levy, R. (2000). Terapia Cognitiva en Niños. In S. Baringoltz (Ed.), *Integración de Aportes Cognitivos a la Psicoterapia*. Buenos Aires: Ediciones Lumiere.

Wolpe, J. (1981). Psicoterapia por inhibición recíproca. Bilbao: Desclée de Brouwer.

Wood, J. (2006). Intromisión Parental y Ansiedad por Separación Infantil en una Muestra Clínica. Child Psychiatry Hum Dev 37, 73–87.